检察机关机动侦查初论

JIANCHA JIGUAN
JIDONG ZHENCHA CHULUN

王祺国◎著

中国检察出版社

图书在版编目（CIP）数据

检察机关机动侦查初论 / 王祺国著 . -- 北京：中国检察出版社 , 2024. 11. -- ISBN 978-7-5102-3184-1

Ⅰ . D926.3

中国国家版本馆 CIP 数据核字第 2024MP6353 号

检察机关机动侦查初论

王祺国　著

责任编辑：柴凯菲

技术编辑：王英英

封面设计：天之赋设计室

出版发行：中国检察出版社

社　　址：北京市石景山区香山南路 109 号（100144）

网　　址：中国检察出版社（www.zgjccbs.com）

编辑电话：（010）86423768

发行电话：（010）86423726　86423727　86423728
　　　　　　（010）86423730　86423732

经　　销：新华书店

印　　刷：北京联兴盛业印刷股份有限公司

开　　本：710 mm × 960 mm　16 开

印　　张：12.75

字　　数：174 千字

版　　次：2024 年 11 月第一版　　2024 年 11 月第一次印刷

书　　号：ISBN 978 - 7 - 5102 - 3184 - 1

定　　价：42.00 元

前　言

反贪反渎转隶之前，我国检察机关的侦查主要是针对贪污贿赂、渎职侵权的职务犯罪案件，因此，检察理论界有"检察机关只对职务犯罪案件享有侦查权，并对其他侦查机关的侦查活动有权进行监督，这是我国的做法"①，以及"检察机关侦查的对象是职务犯罪，这种犯罪是伴随着国家公共权力的出现而产生的一种社会现象"②的认识，在一定程度上也影响着近年来检察理论界对机动侦查权的定位。"机动侦查权和补充侦查权的行使具有一定的附随性和补充性，而非一般意义上的普通职能"，所以在一个时期未纳入相关检察侦查体系的研究范围。③　自 2021 年以来，机动侦查权领域渐受关注，比如，有关研究从"机动侦查权的启动条件""机动侦查权的适用情形""行使机动侦查权的批准程序"等，对机动侦查权作了专门阐述。④

十分荣幸的是，在长达 30 余年检察履历的最后数年，我见证了检察制度的重塑性变革，尤其是亲历了检察侦查的重大历史性变革。自 2018 年 10 月刑事诉讼法作出重大修改，反贪反渎等侦查、预防职能整体上转隶到监察委员会以后，我一直分管浙江省检察机关的职务犯罪侦查工作，努力使新时代的浙江检察侦查工作坚持以办案为中心、

---

① 朱孝清、张智辉主编：《检察学》，中国检察出版社 2010 年版，第 341 页。
② 朱孝清：《检察机关侦查教程》，法律出版社 2002 年版，第 19 页。
③ 参见杨春雷、万春主编：《司法工作人员职务犯罪侦查业务》，中国检察出版社 2021 年版，第 3 页。
④ 参见童建明等主编：《中国特色社会主义检察制度》，中国检察出版社 2021 年版，第 287—288 页。

坚持高质量发展、坚持优质稳进，成为全面展示中国特色社会主义检察制度优越性的一个窗口。站在实践这块充满生机和活力的土地上，我们积极探索具有法治化特征、现代化气息、合乎检察侦查属性和规律的理念、体系、机制、能力的新路子，比如创新数字赋能检察侦查的理念，创新侦查一体化机制，创新融合式、复合型的侦查办案组织，创新侦查人才培养的途径，尤其是不断完善直接侦查、机动侦查、自行（补充）侦查"三位一体"的侦查权体系，在持续加大对司法工作人员相关职务犯罪案件立案侦查力度的同时，于2019年3月以办案方式率先激活了处于休眠状态的检察机关的机动侦查权。2023年，经省检察院决定，全省设区的市级检察院实现了机动侦查全覆盖，立案侦查30余起机动侦查案件，都做到了高质效履职。

机动侦查权的生命在于实践，实践的深刻追问给我们带来新的思考——思考机动侦查权的起源与本质，机动侦查权的规律与原则，以及机动侦查权的发展与完善。几年来，我们在机动侦查这个陌生的领域办理了数起典型案例、积累了侦查办案经验，有了一些粗浅的思考。这些体验尽管留有起步阶段不成熟、不系统的痕迹，但是对于机动侦查工作行稳致远仍是弥足珍贵的。这也是我们写作的底气和信心。

我国的检察工作已经进入现代化发展的新征程，在法治轨道上推动中国式现代化，加强检察机关的法律监督工作尤为重要。检察工作现代化既要把高质效作为履职办案的基本价值追求，也要把全面性作为发展基础，确保以更优质、丰富的法治产品、检察产品服务中国式现代化，确保中国特色社会主义检察制度永葆生机活力、释放不竭的制度优越性。从这个意义上讲，检察机关在激活机动侦查权过程中积聚的宝贵实践与有益争鸣，有利于凝聚共识、集聚智慧，发展与中国国情相适应的机动侦查制度。我们认为，完善机动侦查制度，是推进检察工作现代化的题中应有之义，是完善中国特色社会主义检察制度的题中应有之义，是增强人民检察道路自信、理论自信、制度自信、文化自信的题中应有之义。

对于本书，在体系上，我们不求完整，目的就是与同行、读者一起讨论机动侦查权是什么、为了什么、应当怎么做的理论与实践源流；更希望能抛砖引玉，有更多的法律学人进一步关注具有中国特色的检察机动侦查的研究与实践。

衷心感谢浙江省人民检察院林贻影检察长对本书写作和出版的重视关心；感谢中国检察出版社的信任，让我们有了尝试较为系统地研究检察机关机动侦查理论的难得机会；感谢浙江省人民检察院第十一检察部劳伟刚、陈洪义、李宁、黄艳同志参与写作提纲的讨论；感谢浙江省人民检察院三级高级检察官陈洪义同志、检察官助理魏博同志为本书起草第十二章"机动侦查的浙江实践与启示"、第十三章"机动侦查案例与常用文书"；感谢魏博、黄艳同志对本书的审校。

谨以此书为建设和发展中国特色检察侦查制度建言献策。

王祺国

2024 年 3 月 12 日

于西子湖畔

目　录

第一章　机动侦查权概述

最高人民检察院检察长应勇指出："要从法理上、机制上、实践上，研究如何依法稳妥履行好司法工作人员相关职务犯罪侦查权以及国家机关工作人员利用职权实施的重大犯罪案件机动侦查权，更好促进严格执法、公正司法。"① 在 2024 年全国检察长会议上，应勇检察长进一步强调，要建立、完善检察机关对公安机关管辖的国家机关工作人员利用职权实施的重大犯罪案件的标准、体系和程序，要务必搞准、稳步推进，而不可一哄而上。最高人民检察院《2023—2027 年检察改革工作规划》第十七条指出"健全检察机关侦查工作专门化机制。推进侦查检察专业队伍和办案机制建设。完善检察机关侦查管辖案件立案追诉标准。明确检察机关对公安机关管辖的国家机关工作人员利用职权实施的重大犯罪案件依法立案侦查的标准、程序和工作机制"，对加强检察侦查工作的专门化建设和机动侦查工作的体系建设，作出了重大的改革设计。

要讨论检察机关的"机动侦查权"问题，首要的前提是要科学揭示机动侦查权的内涵。我们先从机动侦查权的定义、属性以及发展渊源等三个维度上，对机动侦查权作一个概括性的阐释。

第一节　机动侦查权的定义

20 世纪 80 年代，法学界把 1979 年《刑事诉讼法》第十三条规定的检察机关认为"需要自己直接受理的其他案件"，纳入"对于直接受理

---

① 应勇：《坚持以习近平法治思想为指引加强中国特色社会主义检察理论研究》，载《人民检察》2023 年第 13 期。

的刑事案件，进行侦查"的案件范围，同时认为这是"给予检察机关以机动的权力"①。也有一些学者认为，"这是人民检察院行使侦查权的一个弹性规定"，"所以这么规定，是因为我国立法尚不完备，法律监督工作尚缺乏经验，为了使检察机关能够根据实际需要，审时度势，临时决定自己直接受理某些案件，更有利于法律的统一实施，有利于强化监督效能"。②21世纪初，有学者提出对"国家机关工作人员利用职权实施的其他重大犯罪案件"行使机动侦查权，但是，也把其归到"法律规定由检察机关直接受理的案件"的直接侦查范围，以有别于"对由公安机关以及其他侦查主体侦查的案件，在侦查不充分时，进行补充侦查"的情形。③

有学者把机动侦查权表述为"检察机关随时对刑事案件享有启动侦查的权力"④。也有观点认为，"所谓机动侦查权，是指法律赋予检察机关在其认为履行法律监督职责需要时，可以依法对常态下不具有法定侦查权的部分刑事案件进行立案、侦查及采取相应的强制措施的权力"，并进一步认为，"机动侦查权是人民检察院履行法律监督职能过程中，遇特定情形而行使的侦查权，这项特殊的侦查权，赋予检察机关在公安机关不立案侦查或者消极侦查时自行立案侦查的选择权，是纠正有案不立、以罚代刑现象的有力保证，将大大提高立案监督的实效"。⑤这一表述揭示了机动侦查权的属性和功能，对我们准确把握机动侦查权具有指导意义。我们认为，正确认识我国检察机关的机动侦查权，既要充分把握"机动"

---

① 参见李士英：《当代中国的检察制度》，中国社会科学出版社1988年版，第452页。该书作者认为检察机关侦查职能分为"直接侦查""参与侦查""补充侦查"三大类型，把检察机关参加对公安机关的复验、复查活动，以及必要时参与公安机关的预审，作为"参与侦查"的分类，纳入检察机关的侦查范围。

② 参见孙谦主编：《检察理论研究综述（1979—1989）》，中国检察出版社1990年版，第209页。

③ 参见龙宗智：《检察制度教程》，法律出版社2002年版，第223—224页。该书较早提出了检察机关的机动侦查权，并主张应当赋予检察机关更广泛的机动侦查权，但对机动侦查权应当是相对独立的检察侦查类别没有专门论述。

④ 朱孝清、张智辉主编：《检察学》，中国检察出版社2010年版，第337页。

⑤ 参见童建明、万春主编：《〈人民检察院刑事诉讼规则〉理解与适用》，中国检察出版社2020年版，第19页。

这一汉语词汇所表达的"灵活运用"的含义，也要充分反映机动侦查权的法律监督本质属性，理解机动侦查权是检察机关既灵活又严格运用的特殊的法律监督职权。

《刑事诉讼法》第十九条第二款规定："对于公安机关管辖的国家机关工作人员利用职权实施的重大犯罪案件，需要由人民检察院直接受理的时候，经省级以上人民检察院决定，可以由人民检察院立案侦查。"据此，笔者认为，机动侦查权是指检察机关对公安机关管辖的国家机关工作人员利用职权实施的重大犯罪，在必要时经严格程序依法立案的一种独立的侦查职权。其具有以下特征：第一，机动侦查权是检察机关灵活运用的一种专门的独立的侦查权，其他任何机关不享有机动侦查权；第二，机动侦查权所侦办案件是由公安机关管辖的国家机关工作人员利用职权实施的重大犯罪案件，突出表明了这项侦查权的法律监督属性；第三，机动侦查权的启动有严格的实体和程序要求，其中经省级以上人民检察院决定，是检察机关依法履行机动侦查权的法定必经程序。这充分表明机动侦查权并非检察机关常规性的一项侦查权。

在我国检察机关拥有"直接侦查权""机动侦查权"和"自行（补充）侦查权"三位一体的检察侦查权构造中，机动侦查权显著区别于其他两项。

直接侦查权，是指《刑事诉讼法》第十九条第二款规定的"人民检察院在对诉讼活动实行法律监督中发现的司法工作人员利用职权实施的非法拘禁、刑讯逼供、非法搜查等侵犯公民权利、损害司法公正的犯罪，可以由人民检察院立案侦查"的侦查权力。这项直接侦查权与监察机关共同管辖司法工作人员相关职务犯罪案件，是近年来检察机关在监察机关依法积极协同、配合下，以设区的市级检察机关立案为原则履行的一种主体检察侦查权。直接侦查权因为针对的是司法工作人员，虽然适用中应当持十分慎重、谦抑、有限的态度，但是对所管辖的司法工作人员相关职务犯罪案件，完全可以由检察机关依法自主决定是否立案侦查，是检察机关的一项重塑后常态意义上的职务犯罪侦查权。近年来，检察机关以扫黑除恶专项斗争和政法队伍教育整顿为契机，立案侦查了一批司法工作人员相关职务犯罪，有力清除了政法队伍中的"害群之马"。据最高人民检察院工作报告，2019 年到 2023 年，全国检察机关依法立案侦查 7969 人，其中 2019 年 871 人，2020 年 1421 人，2021 年 2253 人，2022 年 1448 人，2023 年 1976 人，办案的规模、质效已趋稳定，在惩处司法腐败、促进司法公正、维护法治权威和法律的统一正确实施上，发挥着不可替代的重要作用。

由此可见，在实体上，适用机动侦查权管辖的案件范围是公安机关管辖的国家机关工作人员利用职权实施的重大犯罪，而适用直接侦查权管辖的案件范围是司法工作人员利用职权实施的相关职务犯罪，前者比后者的案件管辖范围要广泛得多、案件类别也要丰富得多；在程序上，法律规定适用机动侦查权立案必须经省级以上人民检察院决定，而适用直接侦查权立案法律上并没有这样的规定，说明在立案的法定程序上，机动侦查要严格得多。

近年来检察机关的机动侦查权被激活。由于适用机动侦查权的案件是公安机关管辖的刑事案件，不改变公安机关的刑事管辖制度，因而，检察机关运用机动侦查权的法律条件十分严格，"只能针对个别案件"[1]，办案数量十分有限。

自行（补充）侦查权，是指根据《刑事诉讼法》第一百七十条、第一百七十五条的规定，检察机关对监察机关、公安机关移送起诉的案件，认为需要退回补充调查、侦查的，既可以退回监察机关补充调查、退回公安机关补充侦查，也可以必要时自行补充侦查或者自行侦查的一项检

---

[1] 童建明：《切实履行好新修改刑事诉讼法赋予检察机关的职责》，载《人民检察》2019 年第 1 期；陈国庆：《刑事诉讼法修改与刑事检察工作的新发展》，载《国家检察官学院学报》2019 年第 1 期。

察侦查职权。① 检察机关履行自行（补充）侦查权发生在其他机关立案调查、侦查的案件进入检察机关审查起诉环节，适用的案件范围包括所有进入起诉环节的涉嫌犯罪的案件。

适用机动侦查权立案侦查无论是形式还是内容，都不能把广泛适用的自行（补充）侦查作为参照，必须遵循自身的规则，即使这两项检察侦查权在线索发现、侦查配合、案件交叉上会有一定的关联性。

第二节　机动侦查权的属性

任何事物总有它的属性，属性反映事物的性质、特点，是人们认识事物的起点。检察机关的机动侦查权是法律赋予检察机关的职权，其属性是由检察机关的法治地位所决定的。2021 年 6 月，《中共中央关于加强新时代检察机关法律监督工作的意见》（以下简称《中央意见》）开宗明义地指出："人民检察院是国家的法律监督机关，是保障国家法律统一正确实施的司法机关，是保护国家利益和社会公共利益的重要力量，是国家监督体系的重要组成部分，在推进全面依法治国、建设社会主义法治国家中发挥着重要作用。"这是我们正确把握检察机关法治地位的根据和政治遵循。我国检察机关的法治地位是复合性的、多层次的：在宪法层面上，它具有国家的法律监督机关和国家的司法机关的双重地位；在法律层面上，它是国家的公诉机关、侦查机关和公益诉讼机关。② 检察机关

---

① 《刑事诉讼法》第一百七十条规定："人民检察院对于监察机关移送起诉的案件，依照本法和监察法的有关规定进行审查。人民检察院经审查，认为需要补充核实的，应当退回监察机关补充调查，必要时可以自行补充侦查。"第一百七十五条第二款规定："人民检察院审查案件，对于需要补充侦查的，可以退回公安机关补充侦查，也可以自行侦查。"

② 这是笔者在学习习近平法治思想和党的二十大报告关于"加强检察机关法律监督工作"的重大决策过程中，深刻领会《中央意见》科学深刻的内涵中初步形成的观点，认为这样把握检察机关的法治地位依宪有据、依法有据，更能全面揭示我国检察制度、检察权的法治本质和法治地位，使各项检察职能增强一体性、融合性，充分显现中国特色社会主义检察制度的优越性和生命力。

法律层面上的法治地位由宪法性法治地位决定并服务和服从宪法性法治地位。机动侦查权是相对独立的一种检察侦查权，我们应当从我国检察机关多元性的法治属性来全面揭示机动侦查权的法治属性。

一、监督性

我国《宪法》第一百三十四条规定："中华人民共和国人民检察院是国家的法律监督机关。"国家的法律监督机关是我国检察机关的宪法定位，表明我国的检察制度是国家的法律监督制度，是国家监督体系的重要组成部分，同时决定了监督性是我国检察权最根本的法治属性。这是正确认识、科学揭示我国检察权属性的根本所在。"我国各项检察权都具有法律监督属性""法律监督需要各项具体检察权来实现"[①]；在侦查制度中，"唯独人民检察院的侦查权具有监督属性"[②]；"检察机关保留部分职务犯罪侦查权，主要目的是强化法律监督"[③]。"行使机动侦查权是检察机关立案监督工作的一种具体方式"，"作为人民检察院的一项重要职能，它和侦查监督、刑事审判监督、刑罚执行监督、民事诉讼监督、行政诉讼监督等，一起构成了我国检察机关诉讼法律监督职能的基本体系"[④]。可以说，对机动侦查权的法律监督属性及其在检察机关诉讼法律监督职能体系中的重要地位，认识上是比较一致的。

当然，也有学者认为，"机动侦查权的直接目的是查明案件事实，最终目的同样服务于庭审活动"，所以，机动侦查权的"监督性仍然从属于侦查本位"，"机动侦查权由检察机关行使的事实，并不必然推导出机动

[①] 朱孝清、张智辉主编：《检察学》，中国检察出版社2010年版，第326—328页。

[②] 卞建林：《检察机关侦查权的部分保留及其规范运行——以国家监察体制改革与〈刑事诉讼法〉修改为背景》，载《现代法学》2022年第2期。

[③] 郭晶：《检察侦查权全面机动化的模式选择及制度准备》，载《深圳大学学报（人文社会科学版）》2020年第1期。笔者持同样的观点，在主编的《新时代检察侦查概论》，专著《新时代检察实践与思考》"检察侦查"部分都有充分的论述。

[④] 童建明、万春主编：《〈人民检察院刑事诉讼规则〉理解与适用》，中国检察出版社2020年版，第19页。

侦查权是法律监督权的这一结论"。① 这种观点主要是从侦查权的共性上阐释机动侦查权的法律功能，而没有从检察机关是国家的法律监督机关的制度属性上深刻认识机动侦查权的本质，其立论不符合设立机动侦查制度的法律前提和逻辑关系。

笔者认为，检察机关的机动侦查权是检察权的重要组成部分，监督性同样是机动侦查权最根本的法治属性。这种监督性体现的是检察机关承担的法律监督职能区别于其他形式的监督职能，如人大常委会的法律监督、监察机关的监察监督、审判机关的审判监督、审计机关的审计监督等，应当严格按照法律的授权和程序履行。我们应当进一步认识到，检察机关适用机动侦查权的案件，是公安机关管辖的重大犯罪案件，犯罪的主体是国家机关工作人员。这意味着，检察机关启动机动侦查权有着对公安机关执行刑事管辖制度和依法立案活动的刑事诉讼法律监督，以及对相关国家机关公权力管理领域实行检察监督和对涉嫌利用职权实施重大犯罪的国家机关工作人员实行刑事追诉的多重法律监督属性。

二、司法性

我国检察机关是国家司法机关，与人民法院一起构成具有中国特色的分权性、复合性的社会主义司法机关。从司法性的角度，我们主要应当从两个方面增强对检察机关机动侦查权的法治自觉：一方面，检察机关的机动侦查权有比较充分的检察司法保证。在通常的刑事诉讼中，侦捕诉审呈分工负责、互相配合、互相制约的线性结构，其中公安机关作为主要的侦查主体承担立案侦查职责，检察机关承担审查逮捕、审查起诉的职责，人民法院承担审判的职责，通过配合、制约形成诉讼结构平衡和诉讼有序递进，共同实现刑事诉讼任务。因此，常规的侦查权是没有严格意义上的司法性的。而检察机关的机动侦查权一经依法启动，不

---

① 刘为军：《检察机关机动侦查权研究》，载最高人民检察院第五检察厅编：《刑事执行检察工作指导》2023 年第 3 辑，中国检察出版社 2023 年版，第 7 页。

仅有法律规定的侦查程序的保证，而且从实体到程序有着法律规定的检察机关的司法权的有力保障，如决定逮捕权、决定起诉或不起诉权，以及全过程执行检察一体化机制等。另一方面，检察机关的机动侦查权的司法性要通过办案来体现和实现。离开办案这个硬道理，司法就是空壳。近年来办案的有益实践激活了机动侦查权这一长期休眠条款的宝贵价值，使写在纸上的机动侦查权迸发出巨大的活力，不仅给检察机关的检察侦查职能作用的充分发挥、加强法律监督工作带来了重大启示，而且给法学界加强对中国式检察工作现代化研究带来新的视野，起到"一石激起千层浪"的良好效果。①

三、诉讼性

检察机关既不是纯粹的公诉机关，也不是一般意义上的法律监督机关。这使得检察机关加强法律监督工作要遵循"在办案中监督、在监督中办案"的路径，严格遵守平等、公开、抗辩、规范的诉讼规则，促进严格执法、公正司法有实实在在的诉讼基础和监督依据。机动侦查权的适用也是如此，无论是作为线索还是作为案件，都充分体现了检察机关加强对诉讼活动法律监督的成果，都是在刑事诉讼程序中开展的。如果离开诉讼，机动侦查权就没有落地生根的空间。所以，应当从加强检察机关对诉讼活动全过程法律监督工作的视野认识、激活机动侦查权的价值、功能，并把加强"机动侦查工作"作为推进"四大检察"全面协调充分发展的重要支点；应当以更大的力度增强办案透明度，营造适用机动侦查权更加良好的诉讼氛围，与公安机关、其他相关国家机关建立良性互动的法治关系；应当通过高质效办好每一起机动侦查案件，实现办案政治效果、法律效果、社会效果的有机统一，推进国家治理体系和治理能力现代化。

---

① 参见本书第十二章"机动侦查的浙江实践与启示"。

第三节　机动侦查权的沿革

一、各国检察机关侦查权的主要模式

讨论机动侦查权的沿革，需要先梳理世界各国检察侦查制度的主要脉络。1990 年联合国大会批准的《关于检察官作用的准则》指出："检察官应当适当注意对公务人员所犯的罪行，特别是对贪污腐化、滥用权力、严重侵犯嫌疑犯人权、国际法公认的其他犯罪的起诉，和依照法律授权或当地惯例对这种罪行的调查。"世界上大多数国家的检察机关都享有一定的侦查权，主要可以分为三大类型。

（一）"检警一体"模式

以德国、法国、日本等为代表的大陆法系国家采用的是"检警一体"模式，即检察机关对所有犯罪案件享有侦查权或者侦查指挥权。根据《德国刑事诉讼法典》第 160 条、第 161 条之规定，检察机关对犯罪嫌疑应当进行侦查以决定是否提起公诉；检察机关可以自行侦查案件，也可以命令警察机构及其警官进行一切形式的侦查。由此可见，德国的检察机关具有广泛意义上的侦查权，掌握着由谁来具体实施侦查的灵活的机动侦查权限。[①] 法国的检察侦查制度与德国类同，既负责指挥和监督司法

---

① 《德国刑事诉讼法典》第 160 条规定："（一）检察院一旦通过告发或者其他途径了解犯罪嫌疑，就应侦查事实以决定是否提起公诉；（二）检察院不但应查明能证明犯罪的情况，还应查明能证明无罪的情况，并应保证提取可能灭失的证据；（三）检察院之侦查行为还应当延伸到对于确定法律后果具有意义的情节。为此目的，它可以利用法院辅助机构的服务。"第 161 条规定："为前条规定的目的，检察院可以要求所有公共机构提供信息，自行或者通过警察机构或警官进行一切形式的侦查。警察机关及警官有服从检察院之请求或者命令的义务。"

警察官及司法警察，又享有法律授予司法警察官一切的权力和特权。[①] 同样，检察机关都有广泛意义上的机动侦查权限。日本的检察制度很大意义上仿效德国的检察制度，不过检察机关与警察机关的侦查权是平行设计的，检察机关在法律上享有广泛的侦查权，可以指挥警察进行侦查，"认为必要时可以自行侦查犯罪"。[②] 自然，检察机关在侦查权行使上有着很大的自主性。而瑞士的检察机关对是否启动侦查程序享有一定的自由裁量权。《瑞士刑事诉讼法》第 309 条第 1 款规定了检察官应当启动侦查的情形：（1）基于警方信息、报案、控告或者自己的发现存在犯罪已经发生的合理怀疑；（2）意欲采取强制措施；（3）已经获取了案件信息，这类案件属于警察必须向检察官报告的某严重刑事犯罪。[③]

（二）"检警分离"模式

以英国、美国为代表的英美法系国家采取"检警分离"模式，即检察机关享有对特定犯罪案件的侦查权，侦查权配置上远远小于大陆法系的检察机关。英国检察机关根据《1987 刑事司法法》的规定设立"反严重欺诈局"，明确其职权是负责侦查涉案金额巨大（500 万英镑以上）、欺诈案件和重大复杂的欺诈、腐败犯罪案件，包括洗钱犯罪、向境外官员行贿罪等，使得这类原来管辖不清的特殊案件明确规定由检察机关享

---

① 《法国刑事诉讼法典》第 38 条规定："司法警察官及司法警察都需要接受上诉法院检察长的指挥和监督，检察长有权要求其收集有利于司法审判的各种情况。"第 41 条规定："共和国检察官自己或使他人采取一切追查违法犯罪行为。为此，他有权指挥所在法院辖区范围内的司法警官或者司法警察的一切活动。共和国检察官有权决定采取拘留措施。共和国检察官享受法律授予司法警官的一切权力和特权。"

② 《日本刑事诉讼法》第 191 条规定："检察官在认为必要时可以自行侦查犯罪。"第 193 条规定："检察官基于其管辖区域，在侦查的相关问题上可以给予司法警察职员必要的一般指示，可以对司法警察职员进行寻求搜查合作所需要的一般指挥。检察官认为有必要自行侦查的情况下，可以指挥司法警察职员进行侦查辅助工作。司法警察职员在上述情况下必须听从检察官的指示或指挥。"《日本检察厅法》第 6 条规定："检察官可以对任何犯罪进行侦查，检察官与基于其他法律规定有侦查职权者的关系，依照刑事诉讼法规定。"

③ ［瑞士］古尔蒂斯·里恩：《美国和欧洲的检察官——瑞士、法国和德国的比较分析》，王新玥、陈涛等译，法律出版社 2019 年版，第 158 页。

有侦查权。在美国，法律上对职务犯罪侦查管辖没有明确规定，根据一些单行法和相关规章，绝大多数公职人员的职务犯罪主要由享有特别侦查权的联邦调查局与检察机关共同负责侦查。[①] 由于检察机关、联邦调查局同属于司法部管辖，与警察机构同属于政府序列，检察机关虽然有对职务犯罪侦查的职能和机构，但实际上与联邦调查局、警察机关的侦查职能界限并不显著，"美国检察机关除了拥有一般刑事案件的补充侦查权外，对于国家公职人员的犯罪案件以及复杂的'白领犯罪'案件，可以直接组织和指挥侦查"。[②] 就是谁有利谁侦查、谁优势谁侦查，相关侦查机关协助侦查、形成合力。这也显现出美国检察机关在职务犯罪侦查管辖上的高度灵活性。

另外，俄罗斯、匈牙利、印度等国家实际上采用的也是"检警分离"模式，所不同的是，法律规定检察机关享有侦查权的案件范围远远大于英美法系国家的检察机关。由于俄罗斯的检察制度继承了苏联检察制度模式，属于国家的法律监督制度和监察制度的融合，因此，俄罗斯检察机关具有广泛意义的法律监督职能。《俄罗斯联邦刑事诉讼法典》对检察侦查制度作了重大改革，在进一步明确检察机关广泛的侦查案件范围的同时，主要是对检察机关的羁押、逮捕、搜查、限制通讯等侦查权作了一些限制，规定需要经过检察长和法院两道批准程序才能行使；同样，法律也赋予了检察官排除侦查人员非法收集证据的权力，都是为了防止检察官、侦查人员滥用侦查权。

（三）侦查监督模式

以我国为代表的侦查监督模式，即检察机关的侦查权有着法律监督属性，在侦查权配置上既有一线的直接侦查权，也有二线的补充侦查权，

---

① 参见王晓霞：《职务犯罪侦查制度比较研究：以侦查权的优化配置为视角》，中国检察出版社 2008 年版，第 75 页。

② 白新潮：《中国检察权的定位及其权力配置》，载《规范执法：检察权的独立行使与制约》第一辑，中国方正出版社 2007 年版，第 88 页。

还有法律授权的机动侦查权，是多元性、复合性的侦查权结构。我国人民检察制度自 1931 年江西苏维埃政府时期创建开始至今，历经沧桑巨变，但法律上一直保留着检察机关的侦查权。法学理论界主流观点认为，"对刑事案件进行侦查，是检察权的一个重要方面"[①]；"侦查是公安机关和人民检察机关的一种职权"[②]。尤其是 1979 年刑事诉讼法赋予检察机关对国家工作人员贪污贿赂、渎职侵权犯罪案件享有立案侦查权，到 2016 年底国家监察制度进行重大改革试点，检察机关经历了长达 30 余年以职务犯罪侦查为主体的不平凡的侦查历程。2018 年 3 月监察法的制定，实现了国家监察制度对所有公职人员监督全覆盖，检察机关的反贪、反渎侦查职能总体上转隶至监察机关，检察侦查进入重塑变革的历史新时期。在这样的历史条件下，2018 年 10 月作出重大修改的刑事诉讼法确立了检察机关侦查权新体系。这就是对司法工作人员相关职务犯罪的直接侦查权、对国家机关工作人员利用职务实施的重大犯罪案件的机动侦查权和审查起诉案件时的自行补充侦查权的"三位一体"的检察侦查权构造。

二、我国机动侦查权的沿革

回顾世界检察制度的侦查权变革历史和我国检察制度的侦查权发展历程，一个共性的特点就是检察机关都有不同程度的侦查权，而且大多数国家的法律对检察机关侦查权的授予比较广泛、灵活，比较突出体现对警察机构实现侦查活动的控制与监督。"检察官一旦启动了侦查程序，就能有效控制整个刑事诉讼程序。"[③]这就从侦查学的视野为我国检察机关机动侦查权找到了共性的历史渊源。与此同时，我国检察机关的侦查权随着国家监察体制的重大改革和检察机关法律监督职能的科学定位，在极大地收缩"直接侦查"的案件范围的同时，对机动侦查权的适用条件

---

① 李士英：《当代中国的检察制度》，中国社会科学出版社 1988 年版，第 450 页。
② 张子培：《刑事诉讼法教程》，群众出版社 1982 年版，第 238 页。
③ ［瑞士］古尔蒂斯·里恩：《美国和欧洲的检察官——瑞士、法国和德国的比较分析》，王新玥、陈涛等译，法律出版社 2019 年版，第 158 页。

和范围也经历越来越严格、缩减的三个阶段。

（一）第一个阶段：初步确立时期

这是指自 1979 年我国第一部刑事诉讼法制定始到 1996 年刑事诉讼法作出重大修改时期。1979 年《刑事诉讼法》第十三条规定，"贪污罪、侵犯公民民主权利罪、渎职罪以及人民检察院认为需要自己直接受理的其他案件，由人民检察院立案侦查和决定是否提起公诉"。从该法律规定可见，在我国检察机关机动侦查权初创时期，法律上几乎没有任何限制，只要人民检察院认为需要自己受理的其他任何案件，都可以自行决定立案侦查，且没有要求由上级检察机关审批、决定。可以说，法律授权检察机关享有如此广泛的机动侦查权，有检察机关的侦查权覆盖所有犯罪案件的意味，追诉犯罪的功能明显。对于"人民检察院认为需要自己直接受理的案件"的理解，理论上一开始就有不同认识。一些同志认为，"这是人民检察院行使侦查权的一个弹性规定。之所以这么规定，是因为我国立法尚不完备，法律监督工作缺乏经验，为了使检察机关能够根据实际需要，审时度势，临时决定自己直接受理某些案件，更有利于法律的统一实施，有利于强化监督效能"；也有不少同志认为，"检察机关不能因此而随意扩大直接受理案件的范围。凡是法律规定由公安机关侦查的案件，检察机关决不可随意决定由自己侦查，即便认为有必要，也应当与公安机关或者人民法院事先商量后作出决定"。[①] 这实际上反映了当时法学界对检察机关侦查权是扩大还是缩小甚至取消的激烈争鸣，对今天研究检察侦查权范围仍有启发意义。

概括起来，关于检察侦查权的适用范围主要有四种观点。第一种观点主张，在现有公检法三机关分工的基础上，再扩大一些检察机关的案件管辖范围，便于对国家机关工作人员更加全面、更加有效地进行法律监督。第二种观点是，在公检法三机关现有分工的基础上，再缩小一些

---

① 孙谦主编：《检察理论研究综述（1979—1989）》，中国检察出版社 1990 年版，第 209 页。

检察机关的案件管辖范围，其主要理由有二：一是检察机关现有的办案力量承担不了目前这些任务；二是检察机关直接受理案件越多，法律监督职能越被削减。第三种观点主张，检察机关对职务犯罪应当实行全面监督，而不是只监督其中一部分，应当将国家工作人员职务犯罪案件全部承担起来。第四种观点则认为，侦查活动和法律监督活动不是一回事，检察机关的职责是对侦查机关的侦查活动进行法律监督，而不应直接进行侦查，主张将全部刑事案件交由公安机关侦查，检察机关可以保留侦查权，只立案侦查"需要自己直接受理的案件"[①]。而检察实践中对"认为需要自己直接受理的案件"的规定，并没有按照法律授权的本意得到有效落实。由于形势与任务不同、认识和力量的局限，检察机关真正适用机动侦查权的案件屈指可数，机动侦查权法条实际上成为"睡眠"条文。就直接侦查的案件来说，在 20 世纪 80 年代、90 年代初，相当多的检察机关更多地是办理一些偷税抗税案件、假冒商标案件、盗伐滥伐林木案件、走私卷烟案件等，并没有把侦查重心真正转移到对国家工作人员职务犯罪大案、要案的立案侦查上。这给人们正确认识检察机关的机动侦查权乃至检察侦查权带来不少干扰。[②]

（二）第二个阶段：基本确立时期

此即 1996 年到 2018 年刑事诉讼法再度修改的 20 余年时间。1996 年首次重大修改的刑事诉讼法对机动侦查权作了明显的限制性规定："对于国家机关工作人员利用职权实施的其他重大的犯罪案件，需要由人民检

[①] 参见孙谦主编：《检察理论研究综述（1979—1989）》，中国检察出版社 1990 年版，第 210—211 页。

[②] 20 世纪 80 年代到 90 年代中期，一些地方的省级检察机关还设立了派驻中国人民银行、工商行政管理局、烟草局单位的检察室，协助办理这些行业中普遍发生的经济犯罪案件。自 90 年代初开始，检察机关立案侦查职务犯罪案件的职能机构由经济检察部门逐步更名为贪污贿赂犯罪侦查局（反贪污贿赂局、反渎职侵权局）。从这个时候起到 2016 年底中央部署开展国家监察体制重大改革试点的 20 多年时间，职务犯罪案件立案侦查工作在我国检察机关职责与任务中越来越成为重中之重甚至是第一位的工作。

察院直接受理的时候，经省级以上人民检察院决定，可以由人民检察院立案侦查。"2012 年修改的刑事诉讼法沿用了上述规定。从中我们可以清楚地看到，法律对检察机关机动侦查权在实体上和程序上都作了严格的限制，实体上限定为"国家机关工作人员利用职权实施的其他重大犯罪案件"，即不包括法律规定由检察机关直接管辖的刑法分则第八章规定的贪污贿赂犯罪和第九章渎职侵权犯罪的职务犯罪案件，适用的范围明确收缩；程序上必须经省级以上人民检察院决定，意味着设区的市级以下的人民检察院没有直接适用机动侦查权的职权。对这样的规定，有学者提出异议，认为"我国检察机关的机动侦查权受到严格限制，妨碍了检察机关有效地发挥法律监督作用，同时造成了管辖制度的僵化及缺乏灵活性。因此，我国应当借鉴各国比较普遍的做法，坚持 1979 年刑事诉讼法在这一问题上的规定，赋予检察机关更为广泛的机动侦查权"。[①] 有学者认为，"机动侦查权启动必须由省级以上人民检察院批准的规定，是导致机动侦查权'休眠'的重要原因"。[②] 一些学者试图对这一时期检察机关适用机动侦查权的案件进行统计，由于缺乏标准和分类，所统计的办案数据并不真实，不足以客观反映适用机动侦查权办案的实际。[③]

（三）第三个阶段：重塑确立时期

从 2018 年 10 月刑事诉讼法作出重大修改至今，检察机关的机动侦查权进入重塑确立期。自 2016 年底国家监察体制重大改革在北京市、山

---

① 龙宗智：《检察学》，法律出版社 2002 年版，第 225 页。

② 刘为军：《检察机关机动侦查权研究》，载最高人民检察院第五检察厅编：《刑事执行检察工作指导》2023 年第 3 辑，中国检察出版社 2023 年版，第 7 页。

③ 董坤教授在文章中指出，"2008 年至 2012 年，全国检察机关包括适用机动侦查的案件在内的其他检察机关直接办理的案件数量每年仅为 500 件至 700 件，相当于检察机关每年查办案件的零头……如果再刨去另外的这些职务犯罪案件，机动侦查权适用的案件数量其实是非常低的，每年每个省级行政区划单位内检察机关采用机动侦查权侦办案件数量大体可能在两位数，甚至个位数"。参见董坤：《检察机关机动侦查权研究——从 2018 年修改的〈刑事诉讼法〉第十九条第 2 款切入》，载《暨南学报（哲学社会科学版）》2019 年第 1 期。

西省和浙江省三地进行试点起，监察制度对全体国家工作人员履职行为实行监督全覆盖逐步建立，到 2018 年 3 月全国人民代表大会制定监察法后，监察机关依法履行对国家工作人员职务行为监督全覆盖职责，检察机关对贪污贿赂、渎职侵权犯罪的立案侦查职能转隶到监察机关。这一重大改革使我国检察机关的法律监督工作进入深刻的重塑变革期，随后确立了刑事、民事、行政和公益诉讼"四大检察"工作格局。与职务犯罪侦查职能整体转隶有紧密关联的机动侦查权也迫切需要制度上的重新设计。2018 年 10 月，修改后的《刑事诉讼法》第十九条第二款规定："对于公安机关管辖的国家机关工作人员利用职权实施的重大犯罪案件，需要由人民检察院直接受理的时候，经省级以上人民检察院决定，可以由人民检察院立案侦查。"由于检察机关原有的对贪污贿赂、渎职侵权犯罪案件侦查职能已经整体上转隶到监察机关，所以，该条文与 1996 年刑事诉讼法对机动侦查权的规定的最大区别，就是加上"公安机关管辖"这个案件管辖的主体，也就是说，监察机关依法管辖的案件不属于检察机关机动侦查权的适用范围。由此可见，重塑确立的检察机关机动侦查权适用的案件范围被进一步缩减，仅限于公安机关管辖的国家机关工作人员利用职权实施的重大犯罪案件。这一规定是国家监察监督制度与检察法律监督制度相衔接的产物，对于检察机关而言，更突出了"在办案中监督、在监督中办案"的职能优势。尽管在全国范围内，检察机关的机动侦查权没有建立起统一的标准、体系和机制，但是，随着扫黑除恶专项斗争的深入和政法队伍教育整顿，一些地方检察机关不断探索、激活机动侦查权的价值功能，依法立案侦查了一批有影响、有指导意义的案件①。今天，重塑后的机动侦查权已经成为法律界研究检察制度的热点之一，已经成为新时代检察机关加强法律监督工作的重点之一，实践基础上适用机动侦查权的办案标准、体系、机制、程序、文书等正在健全中。可以说，机动侦查的理论与实践正在全面开花结果。

---

① 参见本书第十二章"机动侦查的浙江实践与启示"。

第二章 机动侦查权适用的条件

研究我国检察机关的机动侦查权问题，应当以法律对机动侦查权的规定为依据和基础。当然，在不断完善和加强检察机关法律监督工作的大背景下，我们认识、探讨机动侦查权这一特殊的法律问题，也应当有理论创新的勇气。

《刑事诉讼法》第十九条第二款规定："对于公安机关管辖的国家机关工作人员利用职权实施的重大犯罪案件，需要由人民检察院直接受理的时候，经省级以上人民检察院决定，可以由人民检察院立案侦查。"这是刑事诉讼法对检察机关机动侦查权最明确的规定，也是关于机动侦查权最直接的唯一的法律规定。《人民检察院刑事诉讼规则》第十三条第二款重复了《刑事诉讼法》第十九条第二款关于检察机关机动侦查工作的相关规定；第十五条进一步规定："对本规则第十三条第二款规定的案件，人民检察院需要直接立案侦查的，应当层报省级人民检察院决定……省级人民检察院可以决定由设区的市级人民检察院立案侦查，也可以自行立案侦查。"从操作层面看，司法解释明确机动侦查案件由省级人民检察院决定；当然，最高人民检察院依法对任何重大、疑难、复杂的机动侦查案件，享有决定权。根据立法和司法解释规定，可以清楚看到，正确适用机动侦查权要着重把握四个不可缺少的法定条件。

第一节 关于案件的管辖机关

管辖制度是执法、司法的基础性制度，更是侦查合法性的基础。无管辖权便无侦查权。在刑事诉讼中，正确认识和严格执行管辖制度，是确保公安机关、人民检察院、人民法院分工负责、互相配合、互相制约的基本前提。《刑事诉讼法》第十九条第一款规定："刑事案件的侦查由公安机关进行，法律另有规定的除外。"这说明，在我国，公安机关是刑事诉讼中主要的侦查机关。根据《刑事诉讼法》第一百零八条关于侦查、第一百零九条关于立案的规定，检察机关是与公安机关平行的对法律规定的刑事犯罪实施侦查的法定侦查机关。依据刑事诉讼法、监狱法、军事法等法律规定，国家安全机关、海关、监狱、军事保卫机关等属于专门的侦查机关，按照刑事诉讼法规定的侦查程序依法对特定犯罪案件实施侦查。也就是说，相关侦查机关都应当按照刑事诉讼法的管辖制度和其他专门的法律规定，依法履行侦查权，严格各司其职，不缺位也不越位。检察机关的机动侦查权，也要严格执行刑事侦查管辖制度。

一、机动侦查案件的职能管辖

对刑事诉讼中的职能管辖（又称部门管辖），刑事诉讼法学理论上有比较一致的观点，就是指"人民法院、人民检察院和公安机关之间在受理或者侦查刑事案件的职权范围上的分工"[1]；就是指"司法机关按职能划分对刑事案件的管辖范围"[2]；就是指"司法机关按照职能划分对刑事案件的受理权限"[3]。简言之，就是刑事诉讼法规定的公、检、法三机关对案件的管辖分工。在国家监察体制改革后，对司法工作人员相关职务犯罪案件的"直接侦查"实行的是与监察机关共同的职能管辖制度，根据规范性意见，一般由检察机关管辖。[4] 对审查起诉阶段需要补充侦查的案件，

---

[1] 张子培：《刑事诉讼法教程》，群众出版社 1982 年版，第 107 页。

[2] 《法学词典》，上海辞书出版社 1980 年版，第 623—624 页。

[3] 柴发邦：《诉讼法大辞典》，四川人民出版社 1989 年版，第 779—780 页。

[4] 《关于加强和完善监察执法与刑事司法衔接机制的意见（试行）》规定，对于司法工作人员利用职权实施的非法拘禁、刑讯逼供、非法搜查等侵犯公民权利、侵害司法公正的犯罪，监察机关和人民检察院均有权管辖。涉嫌上述犯罪的司法工作人员，如不涉嫌贪污贿赂等监察机关管辖的其他职务犯罪，一般由检察机关立案侦查，必要时监察机关也可以立案调查。

检察机关既可以退回公安机关补充侦查，也可以自行侦查，这里的"自行侦查"案件显然是公安机关职能管辖的范畴，检察机关只有在审查起诉时发现需要补充侦查的，才可以将这些已经经过公安机关立案侦查的案件由自己开展自行（补充）侦查，这样严格意义的自行（补充）侦查替代不了公安机关的职能管辖制度。刑事诉讼法明确规定，检察机关机动侦查的是公安机关管辖的案件，这是检察机关运用机动侦查权必须遵循的法定的管辖范围。从"法定职权必须为""法无授权不得为"的法治原则出发，检察机关适用机动侦查权立案的只能是公安机关管辖的刑事犯罪案件。不是刑事犯罪案件或者不是公安机关管辖的刑事案件，检察机关依法不能适用机动侦查权立案管辖。

我国检察机关的机动侦查权配置是对公安机关执行法律规定的刑事管辖制度的一种监督性的救济和补充，仅仅体现在特定案件立案侦查管辖权的个别转移，并不影响、改变公安机关对刑事案件的基本管辖权。检察机关的机动侦查权可以规模性地调整甚至可替代公安机关刑事管辖权的观点，会动摇刑事诉讼法规定的刑事案件管辖制度的根基，是无益的，也是危险的。鉴于此，检察机关与公安机关应当有共同的执行机动侦查权的制度安排，应共同明确适用机动侦查权的案件范围、情形、程序等，确保这项侦查权始终在法治轨道内进行，共同推进严格执法、公正司法。实践中，检察机关适用机动侦查权更应当坚持原则性与灵活性相结合，与公安机关求同存异、相互尊重，建立和完善分工负责、协作配合的办案机制，形成工作合力，努力取得双赢多赢共赢的办案效果。

二、机动侦查案件的地域管辖

机动侦查案件的地域（地区）管辖，是指案件应当由同级检察机关的哪一个地方检察机关管辖问题，这是检察机关横向之间对机动侦查案件的管辖分工。地域管辖主要是从有利于对犯罪案件及时、高效侦查出发。一般刑事犯罪案件以犯罪行为地、结果地公安机关管辖为原则，而检察机关管辖的司法工作人员相关职务犯罪案件则采取以犯罪嫌疑人工作单位所在地的检察机关管辖为原则。刑事犯罪的社会危害性、影响力，主要犯罪事实、基本证据集中在犯罪行为地、结果地，因此，由犯罪行为地、结果地的公安机关管辖符合案件发生的客观性和侦查办案的规律性，是合理的和可行的。而从以往检察机关管辖贪污贿赂、渎职侵权等职务犯罪案件经验和今天管辖司法工作人员相关职务犯罪的实践看，不仅犯罪主体有国家机关工作人员或者司法工作人员这样的特殊身份，而且犯罪人是利用职权、职务之便，行为具有较强的隐蔽性、专业性、对抗性，犯罪的行为、结果、事实与证据不易发现、暴露，因此，由犯罪嫌疑人工作单位所在地的检察机关管辖更有利于得到各方面的支持和配合，方便对案件的调查、侦查。由此可见，公安机关、检察机关针对刑事犯罪案件、职务犯罪案件，在地域管辖上实行的是双轨制模式。一般而言，机动侦查的案件应当由涉案的国家机关工作人员单位所在地的设区的市级检察机关管辖。同时，由于国家机关工作人员工作岗位、履职可能存在与工作单位所在地相分离的情况，如涉案的国家机关工作人员是在单位派驻外地的工作机构或者在外地出差期间利用职权实施的重大现行犯罪，或者是身处异地的国家机关工作人员参与的重大犯罪团伙案件已经被外地公安机关立案侦查，根据侦查有利的原则，也可以由犯罪行为地、结果地的检察机关管辖。由于检察机关适用机动侦查权的案件不多，确定地域管辖的检察机关比较容易；并且如果在地域管辖上发生争议，可以由相关检察机关协商解决或者由共同的上一级检察机关指定管辖。

三、机动侦查案件的级别管辖

级别管辖是解决案件由哪一级检察机关管辖的问题，属于检察机关内部案件的层级管辖。在国家监察体制改革之前，主要根据职务犯罪主体的身份高低、涉案数额的大小以及社会影响力程度，检察机关实行案件分级立案的级别管辖制度。[①] 基层检察机关在案件管辖中处于基础性的地位，大多数贪污贿赂、渎职侵权职务犯罪案件是由基层检察机关立案侦查的；县处级干部涉嫌职务犯罪以及涉案数额巨大的案件，一般由设区的市级检察机关管辖；厅级干部涉嫌职务犯罪以及涉案数额特别巨大的案件，则由省级检察机关立案侦查。国家监察体制改革之后，由于检察机关的贪污贿赂、渎职侵权等职务犯罪的侦查职能整体上转隶到国家监察机关，根据最高人民检察院的司法解释[②]，检察机关对司法工作人员相关职务犯罪的侦查的级别管辖采取的是由基层向上提一级的慎重的做法，即原则上由设区的市级检察机关立案侦查司法工作人员相关职务犯罪案件，省级以上检察机关可以将自己管辖的案件交由设区的市级检察机关立案侦查，也可以将设区的市级检察机关管辖的案件上提一级由自己立案侦查，基层检察机关承担对设区的市级检察机关立案交办案件的立案侦查工作和配合上级检察机关的侦查工作。简言之，根据目前的司法解释，对司法工作人员相关职务犯罪案件，基层检察机关并不是严格意义上的独立的侦查主体，也不是级别管辖的最基础的一级。[③]

一直以来，对于机动侦查案件，各级人民检察院都可以立案侦查。

---

① 最高人民检察院 2012 年制定的《人民检察院刑事诉讼规则（试行）》第十三条第一款规定："人民检察院对直接受理的案件实行分级立案侦查的制度。"

② 最高人民检察院 2019 年 12 月 30 日修改后的《人民检察院刑事诉讼规则》第十四条规定："人民检察院办理直接受理侦查的案件，由设区的市级人民检察院立案侦查。基层人民检察院发现犯罪线索的，应当报设区的市级人民检察院决定立案侦查。设区的市级人民检察院根据案件情况也可以将案件交由基层人民检察院立案侦查，或者要求基层人民检察院协助侦查……最高人民检察院、省级人民检察院发现犯罪线索的，可以自行立案侦查，也可以将犯罪线索交由指定的省级人民检察院或者设区的市级人民检察院立案侦查。"

③ 对司法解释的这一规定，学理上和实践上的观点认为：从法理上看，基层检察机关对管辖范围内的案件是立案侦查的主体，是级别管辖的起点，司法解释可以严格限制基层检察机关行使管辖权，规定立案侦查应当经上一级检察机关批准，但是，不能违背上位法的规定，变相剥夺基层检察机关的管辖权。从实践上看，变相剥夺基层检察机关的管辖权，必然导致基层检察机关对侦查办案没有积极性，从根本上动摇侦查的基层基础，使侦查一体化缺乏基层的有力支持，也必然导致设区的市级人民检察院在对案件侦查过程中对犯罪嫌疑人采取指定居所监视居住等特别的强制措施失去法律依据，影响侦查重大疑难复杂案件的力度。

即使 1996 年修改刑事诉讼法之后，对于机动侦查案件的立案侦查明确规定须经省级以上人民检察院决定，机动侦查案件的级别管辖由基层往上层级递进也是完整的。然而，在检察机关职务犯罪侦查职能整体转隶后，2018 年 10 月修改的刑事诉讼法规定的检察机关直接侦查的案件仅限于司法工作人员相关职务犯罪案件，相较于对司法工作人员相关职务犯罪案件的级别管辖规定，司法解释上对机动侦查案件的级别管辖问题作了更加严格的收缩性规定。《人民检察院刑事诉讼规则》第十五条规定，对于机动侦查案件，应当层报省级人民检察院决定，省级人民检察院可以决定由设区的市级人民检察院立案侦查，也可以自行立案侦查。可见，司法解释对机动侦查案件的级别管辖没有留给设区的市级人民检察院将案件交由基层检察院立案侦查的余地。这一规定，实际上就是排除了基层检察机关对机动侦查案件直接管辖的可能。

笔者认为加强检察机关法律监督工作的基础和重心在基层，机动侦查权之所以长期以来被忽视、处于休眠状态，根本上就是在基层没有落地生根。近年来，机动侦查权被激活，在加强检察机关法律监督工作中开始发挥独特的作用，充分调动基层检察机关参与办案的积极性是重要的经验。

赋予基层检察机关对机动侦查案件的立案管辖权不会影响机动侦查制度的严肃性，不会冲击公安机关对刑事案件的管辖制度。笔者认为，检察机关的侦查工作实行的是法定一体化模式，设区的市级人民检察院可以通过交办、督办等方式灵活把握立案管辖问题，可以通过指挥、参与等方式介入立案侦查活动，从而确保基层检察机关立案侦查活动的高质效开展。不仅如此，基层检察机关严格履行机动侦查权，还能够有效增加对立案活动、侦查活动监督的力度，促进对刑事诉讼前端的法律监督工作，形成良性循环。

当前，机动侦查权正处被倡导性激活的状态。根据法律规定精神，对基层检察机关的管辖权，笔者建议，可参照《人民检察院刑事诉讼规则》对司法工作人员相关职务犯罪案件立案管辖的程序规定，建立上提一级由设区的市级人民检察院立案为原则的灵活的工作机制，不排除在省级检察机关决定后直接或者通过设区的市级人民检察院立案交办的方式由相关基层检察机关立案侦查。只有基层检察机关依法享有的机动侦查权得到应有尊重，机动侦查权才能真正落地生根，其法律监督的潜力价值才能被充分释放。

第二节　关于适用的案件范围

根据《刑事诉讼法》第十九条第二款的规定，检察机关适用机动侦查权的范围是"国家机关工作人员利用职权实施的重大犯罪案件"，对机动侦查权适用的案件类型作了限制性规定。正确把握案件类型，是正确适用机动侦查权的基本前提。

一、正确认定"国家机关工作人员"

当前，我国法律上把机动侦查权案件的犯罪主体限制在国家机关工作人员这一特殊主体，是有针对性考虑的，即主要强调机动侦查权的监督属性，使机动侦查权的应用更聚焦在国家机关公权力领域；同时，也充分考虑检察机关适用机动侦查权的便捷性和可行性。这一立法思路与转隶之前检察机关承担的对国家机关工作人员渎职犯罪案件的立案侦查权有一定的内在传承性，也能够与国家监察制度相衔接。

何谓"国家机关工作人员"？笔者认为，是指在国家机关中从事公务的人员，主要包括在各级国家权力机关、政府机关、监察机关、司法机关和军事机关中从事公务的人员。中国共产党各级组织中纳入公务员编制管理的从事党务工作的人员，也是国家机关工作人员。根据2002年12月28日全国人大常委会《关于〈中华人民共和国刑法〉第九章渎职罪主体适用问题的解释》规定，"在依照法律、法规规定行使国家行政管理职权的组织中从事公务的人员，或者在受国家机关委托代表国家机关行使职权的组织中从事公务的人员，或者虽未列入国家机关人员编制但在国家机关中从事公务的人员，在代表国家机关行使职权时，有渎职行为，构成犯罪的，依照刑法关于渎职罪的规定追究刑事责任"。这一立法解释是从身份和职权两个角度来认定国家机关工作人员的，是准确认定国家机关工作人员的重要法律依据。

从机动侦查制度发展趋势看，未来立法将案件主体由"国家机关工作人员"扩大到"国家工作人员"，应当是一个可能的选项。其主要理由是：（1）两者都是从事公务行为的公职人员，无论公务身份还是职权，都没有本质区别，作为刑法上的特殊主体属于同一类别，纳入检察机关的法律监督范围是合理的。（2）国家工作人员同样存在利用职权实施重大犯罪的可能，从某种意义上讲，国有企业、事业单位、人民团体中的国家工作人员经济活动、社会交往频繁，人、财、物权力集中、管理相对宽松开放，自由度较高，更有利用职权实施犯罪的有利条件，对国家、社会公共利益有着严重的社会危害性，纳入检察机关机动侦查权的适用范围是必要的。（3）符合一体惩治职务犯罪的传统。在转隶前，检察机关立案侦查的职务犯罪案件分为国家工作人员的贪污贿赂犯罪案件和国家机关工作人员利用职权实施的渎职侵权犯罪案件两大类型，可以说承担着对公职人员实施的职务犯罪全覆盖的惩治和预防职能。转隶之后，检察机关除了对司法工作人员相关职务犯罪有直接侦查职权外，对其他公权力领域的职务犯罪案件只有机动侦查权，而利用职权实施的重大犯罪是多种多样的，仅将国家机关工作人员利用职权实施的重大犯罪案件列入机动侦查的范围，并不符合立法传统，不利于与监察机关、公安机关依法形成一体惩治和预防职务犯罪的合力。所以，笔者认为，在充分调查研究基础上，将检察机关的机动侦查权适用的案件范围扩大到国家工作人员利用职权实施的重大犯罪案件，有利于健全对公权力无死角的兜底性的法律监督，是可行的。近年来，监察机关立案调查国家工作人员的职务违法犯罪案件，主要是贪污贿赂等涉财犯罪案件，单独或一并查处渎职类违法犯罪案件极少，这固然与反腐败斗争的重点有关系，但也反映出监察全覆盖存在盲区和监察机关对专门性领域专业能力的不足。国家工作人员的渎职犯罪对国家、社会公共利益和人民群众生命财产具有严重的社会危害性。检察机关当前的行政检察职能特别是行政公益诉讼检察职能已经进入生态环境、食品药品、国有财产保护、国有土地使用权转让等行政执法领域，在履行对行政机关执法活动法律监督中逐步形成职能优势，由检察机关与监察机关共同管辖国家工作人员失职渎职违法犯罪案件是必要的，也是可行的。正是从这个角度理解，笔者认为，检察机关的机动侦查权适用范围从现行法律规定的国家机关工作人员扩大到国家工作人员也是可行的。这有利于在坚持监察监督对公权力监督全覆盖的同时，形成检察监督与监察监督的合力，共同提升对公权力监督的力度和质效。

二、正确认定"利用职权实施的"

刑事诉讼法规定的机动侦查案件是国家机关工作人员利用职权实施的重大犯罪案件。这些职务犯罪案件不同于监察机关管辖的职务犯罪案件，也不同于检察机关与监察机关共同管辖的司法工作人员相关职务犯罪案件，而是由公安机关管辖的刑事职务犯罪案件。国家机关工作人员实施的重大犯罪案件，大多数是以一般的犯罪主体以非利用职权的方式实施；只有少数是利用职权实施的，后者才是适用机动侦查权的必要的法定条件。

关于什么是"利用职权"，目前为止，我国法律和司法解释都没有作出明确的解释。学者研究"利用职权"要么从有限的最高人民法院关于对"利用职务上的便利"的相关文件① 精神上去理解，要么从最高人民检

---

① 2003 年最高人民法院《全国法院审理经济犯罪案件工作座谈会纪要》指出："刑法第三百八十五条第一款规定的'利用职务上的便利'，既包括利用本人职务上主管、负责、承办某项公共事务的职权，也包括利用职务上有隶属、制约关系的其他国家工作人员的职权。"担任单位领导职务的国家工作人员通过不属于自己主管的下级部门的国家工作人员的职务为他人谋取利益的，应当从"利用职务上的便利"为他人谋取利益精神上去理解。

察院关于渎职犯罪的立案标准的司法解释[①]的精神上去理解，既有理解上的扩大性，也有理解上的模糊性。"利用职权"的认定是检察机关正确履行直接侦查权、机动侦查权的一个难点。

"利用职权"与"利用职务上的便利"是既有联系又有区别的两个法律概念。从本质上看，二者是可以相互融合、统一的概念，有"职权"一般应当有相应的"职务"，而有"职务"一般会有相应的"职权"。这种职权应当是指国家机关工作人员的一般职务权限，可以来源于法律、法规、政策上的授权，也可以来源于有关机关、上级人员的委任、委托、委派，还可以是根据口头指示、行业习惯、工作惯例等形成的职务权限。当然，没有书面依据的职务权限，一定是有充分的证据证明在案件发生前、过程中形成的特定权限，排除事后推定的职务权限。[②]还要注意的是，如果国家机关工作人员实施的行为与一般的职务权限没有任何联系，或者虽然与职务权限有一定的联系，但是没有刑法上的因果关系，其行为就不属于滥用职权行为。检察机关机动侦查权适用的案件实质上就是国家机关工作人员滥用职权实施重大犯罪的行为。从近年立案侦查的案件情况看，这类滥用职权实施犯罪的行为，主要有以下情形：一是超越职权范围，违法、违规决断、处置无权处理的事项；二是虽然在职权范围内，但是徇私枉法、以权谋私，或者严重违反法定程序、组织纪律作出决定、处理；三是明知应当作为而故意不履行职权，或者任性放弃职权。在少数情况下，也可能出现国家机关工作人员与他人共谋，利用其职务行为帮助他人实施其他犯罪，此时应当按照司法解释的规定，分情况定

---

① 最高人民检察院《关于渎职侵权犯罪案件立案标准的规定》主要从造成"重大损失"这一犯罪结果角度规定了九种构成渎职侵权犯罪的情形。

② 参见王祺国主编：《新时代检察侦查概论》，中国检察出版社 2023 年版，第19 页。

罪处刑。① 由此可见，判断是否适用机动侦查权，一定要紧紧抓住国家机关工作人员"利用职权"实施犯罪这一最根本性的客观行为要件，并以充分证据认定这一行为与犯罪结果具有刑法意义上的内在因果关系。

三、正确认定"重大犯罪案件"

这是正确适用机动侦查权的一个极其重要的法律问题，又是一个极易引起分歧、质疑的认识问题，影响着机动侦查权能否成为检察机关一种常态的侦查职权，也决定着机动侦查权实践中最充分的价值功能。从我国刑事侦查制度以公安机关为主要侦查机关的构造看，站在机动侦查权不改变公安机关刑事犯罪案件管辖制度的角度理解，检察机关的机动侦查权适用的案件范围不应当过度扩张、把握的条件不能人为下降，防止冲击刑事管辖制度；而从源头上防止、减少办金钱案、关系案、人情案，凸显机动侦查权对加强检察机关法律监督工作的重大潜在作用看，基于人民群众反映强烈的刑事立案难、侦查机关违法插手经济纠纷，以及检察机关开展对立案活动监督的实际情况，检察机关的机动侦查权适用应当尽可能扩大覆盖面，增强这种刚性法律监督职权在促进严格执法、公正司法上的兜底性威慑作用。因此，确定什么是"重大犯罪案件"，一定要平衡侦查主体与监督主体之间的职权边界和价值目标，充分体现我国宪法和法律规定的在刑事诉讼中公安机关、人民检察院、人民法院分工负责、互相配合、互相制约的重大法治原则。

我国法律和司法解释并没有明确规定什么是"重大犯罪案件"。为了贯彻罪刑法定原则、罪刑相适应原则，一些司法解释对犯罪数额、犯罪后果等犯罪结果可计算的犯罪案件，作过重大、特别重大或巨大、特

---

① 最高人民法院、最高人民检察院《关于办理渎职刑事案件适用法律若干问题的解释（一）》第四条第二款、第三款规定："国家机关工作人员与他人共谋，利用其职务行为帮助他人实施其他犯罪行为，同时构成渎职犯罪和共谋实施的其他犯罪共犯的，依照处罚较重的规定定罪处罚。国家机关工作人员与他人共谋，既利用其职务行为帮助他人实施其他犯罪，又以非职务行为与他人共同实施该其他犯罪行为，同时构成渎职犯罪和其他犯罪的共犯的，依照数罪并罚的规定定罪处罚。"

别巨大等相应的解释。如对贪污贿赂犯罪、盗窃犯罪、诈骗犯罪、走私犯罪、毒品犯罪、偷税漏税犯罪、交通肇事犯罪、渎职侵权犯罪等，司法解释对犯罪构成要件、情节要件等都作了罪行轻重、量刑幅度的规定，以保证司法实践中同罪同案作出相同相等的判决。但是，这些司法解释回答的是案件轻重之区分，并没有就何谓"重大犯罪案件"提供一个明确的标准。

刑事诉讼法对"重大犯罪案件"并没有在案件的广度上作出任何限制，这说明认定"重大犯罪案件"主要看犯罪的实质——社会危害性。学界对"重大犯罪案件"有多种理解。有学者从案件的类型、刑罚幅度以及案件的影响力三个角度进行界定，强调首先应当从案件的关注度、影响力加以判断[①]；也有学者认为，以案件类型、刑罚幅度角度认定"重大犯罪案件"没有必要，因为一般而言，影响恶劣、处罚较重的案件一般会有较大的影响力，从案件影响力角度界定"重大犯罪案件"具有一定的可采性，指出"'重大'即本省、自治区、直辖市或者全国范围内有较大影响的类型"[②]；还有学者认为，"重大"可能是相对的，需要"根据具体案情、社会影响甚至当地的治理状况综合考量"[③]。

笔者认为，分析、判断"重大犯罪案件"，既要从案件自身是否重大、有影响，即是否有严重的社会危害性考量；又要立足机动侦查权的法律监督本质属性，判断是否应当以机动侦查的特殊方式依法监督。从近年来一些地区检察机关激活、推动机动侦查权的有益实践看，笔者认为，认定"重大犯罪案件"主要应当从"重罪名""罪行重"两个角度把握。"所谓'重罪名'，主要是指国家机关工作人员利用职权实施的刑法规定的恐怖犯罪、杀人罪、抢劫罪、强奸罪等最高可以判处无期徒刑、

---

① 董坤:《检察机关机动侦查权研究——从2018年修改的〈刑事诉讼法〉第十九条第2款切入》，载《暨南学报（哲学社会科学版）》2019年第1期。
② 张敬:《检察机关机动侦查权分析及完善路径》，载《湖北警官学院学报》2022年第3期。
③ 谢澍:《检察机关侦查权的监督性及其体系化进路》，载《中国刑事法杂志》2022年第3期。

死刑的严重犯罪；而所谓的'罪行重'，主要是指虽然涉嫌的罪名没有死亡、无期徒刑等刑罚，但犯罪行为性质严重、情节恶劣，严重损害司法、执法的公信力、公正性，严重破坏法治权威、尊严的犯罪行为，如司法工作人员为了充当黑恶犯罪'保护伞'或出于报复、吸毒、赌博的不法动机，利用办案职权对犯罪嫌疑人、被告人及其家属实施盗窃、诈骗、敲诈勒索等。"[1]　上述对"重大犯罪案件"的理解也是检察机关的主流意见。[2]

目前，检察理论界和实务界对"重罪名"的案件属于"重大犯罪案件"没有争议。公安机关通过组织强大的办案力量，或者通过上级公安机关督办、提办、交办等有力的办案方式，并在检察机关提前介入侦查、引导调查取证、会商定性处理的配合、监督下，严厉打击这类严重犯罪已成常用方式，由检察机关适用机动侦查权办案则比较少见。实践中检察机关以机动侦查权立案侦查国家机关工作人员利用职权实施的属于"重罪名"的"重大犯罪案件"，犯罪主体大多为公安机关的领导干部。例如，2022 年，浙江省人民检察院决定由某设区的市人民检察院对该市公安局原副局长涉嫌组织卖淫罪立案侦查。该被告人犯组织卖淫罪被判处有期徒刑十二年，与受贿罪等数罪并罚，最终确定执行十八年有期徒刑。而组织卖淫罪属于最高刑可以被判处无期徒刑以上刑罚的"重罪名"。

我们更需要探讨的是从"罪行重"的角度认定的"重大犯罪案件"。如前所述，要更多地从加强检察机关法律监督工作，促进严格执法、公正司法的视角去深刻认识国家机关工作人员利用职权实施的犯罪中的"罪行重"。

例如，2019 年 3 月，浙江省人民检察院决定由某设区的市人民检察院立案侦查的某派出所民警洪某利用办案职权盗窃一案。该民警以支付宝、微信账户登录密码等转账套现方式，将犯罪嫌疑人手机中的支付宝

---

① 参见王祺国：《机动侦查权具有重大监督潜力价值》，载《检察日报》2021 年 4 月 30 日，第 3 版。

② 参见杨春雷、万春主编：《司法工作人员职务犯罪侦查业务》，中国检察出版社 2021 年版，第 16 页。

余额、微信账户零钱及绑定的银行卡账户中的余额共计9万余元占为己有，用于归还其个人信用卡欠款及赌球赌资等。该民警身为国家机关工作人员，利用办案职权对犯罪嫌疑人的财产多次实施盗窃行为，因犯罪嫌疑人得不到从宽处理而被举报。检察机关认为，该民警虽案发后主动投案，但犯罪手段恶劣、盗窃数额巨大，造成严重不良的社会影响，应当属于"罪行重"的重大犯罪案件。该案在侦查中还深挖出徇私枉法、挪用公款等犯罪案件，最终被告人以数罪并罚被判处有期徒刑三年六个月。这是2018年刑事诉讼法实施以来，全国首例检察机关机动侦查案件，最高人民检察院以典型案件向全国检察机关作了推介。

近年来，检察机关以机动侦查权立案的大多数是涉嫌盗窃罪、敲诈勒索罪、诈骗罪等财产类犯罪案件，少量的涉嫌非法经营罪，串通投标罪，拒不执行判决、裁定罪等。这些罪名虽不属于"重罪名"，但属于"罪行重"的范围。在立案侦查过程中，检察机关往往还会发现犯罪嫌疑人的其他职务犯罪行为，并与监察机关分工负责、优势互补，办案质效良好。

从办案实践看，认定"罪行重"一般要同时把握以下几个方面：一是国家机关工作人员利用职权实施的直接故意犯罪，且犯罪已经既遂；二是国家机关工作人员利用职权是犯罪最主要的客观行为，与犯罪结果有法律上的因果关系，具有隐蔽性、伪装性、对抗性特征；三是国家机关工作人员是实施犯罪的唯一主体或者是共同犯罪中的主犯；四是犯罪侵害的直接对象或者结伙实施共同犯罪的对象一般是国家机关工作人员服务、管理（监管）、办案对象，特别是执法、司法办案的直接利害关系人员。这些人员相互之间既有高度的利益关系，也有极不对等的身份地位，犯罪行为隐蔽性、同盟性强，一般不会主动暴露，检察机关存在线索发现难、调查取证难、精准定性难的问题。这些情况表明，国家机关工作人员利用职权实施犯罪，严重背离了法律尊严，严重背离了职业道德，严重损害国家利益、社会公共利益和相关人员的正当合法权益，从本质上就是把职权作为犯罪工具，知法犯法、执法违法，对严格执法、公正司法极具破坏性。检察机关以适用机动侦查权这样特殊的法律监督办案方式，通过对每一起看似罪名不重的案件的立案侦查，切实加强对国家机关工作人员执法、司法、守法活动的法律监督，维护国家法律的统一正确实施。

从"重大犯罪"的法意理解和实践应用看，笔者认为，对于最高刑在三年以下有期徒刑的罪名和最高刑虽然是三年以上有期徒刑但有可能被判处三年以下有期徒刑的案件，不应当认为是"重罪名"或者"罪行重"的案件。因为，最高刑为三年以下有期徒刑的罪名，或者可能被判处三年以下有期徒刑的罪行，都存在被法院判处有期徒刑缓期执行、管制、拘役的可能，无论法理上还是实践中，都认为是轻罪，纳入"重大犯罪"案件的范围理由不充分。定"重大犯罪"案件，一般应把握在法律规定最高刑为三年以上有期徒刑的罪名且可能被判处三年以上有期徒刑的案件。当然，由于犯罪是极其复杂的社会现象，犯罪行为的社会危险性在不同地区、不同时期、不同对象都存在差异，对认定"重大犯罪"不能"一刀切"；而应当结合案件背景、社情民意具体情况具体分析，由省级检察机关在审查、决定是否以机动侦查权立案时统筹把握。由于认定"重大犯罪"事关检察机关适用机动侦查权的合法性、正当性，要兼顾积极履行机动侦查权和有效防范机动侦查权滥用两个维度，根本途径是，在深入充分调查研究基础上，由最高人民检察院会同公安部共同出台有关"重大犯罪"案件的标准、范围、程序的规范性文件，为检察机关、公安机关正确执行"机动侦查制度"提供明确依据。

第三节 关于"需要由人民检察院直接受理"的情形

存在"需要由人民检察院直接受理"的情形，是检察机关严格执行机动侦查制度的必要条件，表明适用机动侦查权办案的合理性、正当性。其主要原因是，适用机动侦查权的案件是法律规定由公安机关管辖的案件，公安机关是案件管辖的法定主体，没有特别必要和充分的理由，检察机关不应当任意行使机动侦查权。所以，从侦查管辖制度讲，检察机关的"机动侦查立案只是对公安机关侦查管辖的一种有限补充和兜底救济"。① 这种补充和救济具有法律监督的属性，总体的要求就是检察机关适用机动侦查权要严肃、谦抑。"更多地站在公平、公信的法治权威和双赢多赢共赢的法律监督价值上评判，是正确把握……什么是需要由'人民检察院直接受理'的情形的基本出发点。"②

结合近年来办理机动侦查案件的有益实践，对"需要由人民检察院直接受理"的情形认识基本趋同，即主要是公安机关该立不立的案件、不宜立案的案件和定性有争议的案件。主要有五种情形：一是有案不立、有罪不究的案件；二是以罚代刑、降格处理的案件；三是认识不一致，检察机关认为应当依法追究刑事责任的案件；四是管辖权争议、推诿的案件；五是其他由检察机关立案侦查更为适宜的案件等。③ 也有学者概括为，适用机动侦查的案件主要是指"公安机关不宜侦查以及存在争议的案件"④；而机动侦查权的受案范围可以归纳为公安机关"不宜侦查"与"不愿侦查"案件⑤。笔者认为，从实践看，检察机关适用机动侦查权的案件主要可分为两类：一类是公安机关怠于立案侦查的案件，这是最常见的案件类别；另一类是公安机关不宜立案侦查的案件，主要是内部人员的案件。⑥ 公安机关怠于立案侦查的案件，主要是指对国家机关工作人员利用职权实施

① 参见王祺国：《检察机关机动侦查权的内涵、原则与适用要求》，载《人民检察》2024 年第 5 期。

② 王祺国：《机动侦查权具有重大监督潜力价值》，载《检察日报》2021 年 4 月 30 日，第 3 版。

③ 参见童建明、万春主编：《〈人民检察院刑事诉讼规则〉理解与适用》，中国检察出版社 2020 年版，第 19—20 页；参见陈国庆主编：《司法工作人员相关职务犯罪侦查与认定》，中国检察出版社 2019 年版，第 7 页。

④ 刘为军：《机动侦查权的解读与实化：回归权力本位的研究思路》，载《甘肃政法大学学报》2022 年第 2 期。

⑤ 董坤：《检察机关机动权研究——从 2018 年修改〈刑事诉讼法〉第十九条第 2 款切入》，载《暨南学报（哲学社会科学版）》2019 年第 1 期。

⑥ 参见王祺国主编：《新时代检察侦查概论》，中国检察出版社 2023 年版，第 25 页；王祺国：《新时代检察实践与思考》，中国检察出版社 2023 年版，第 297 页。

的犯罪，公安机关存在有案不立、有罪不究、以罚代刑、降格处理等情况，也可能出现立而不侦、久侦不结、长期挂案、推诿扯皮等情况。不论怠于侦查的原因是出于外界的干涉、压力，还是自身畏难、卸责，都是严重的侦查失职、渎职行为，往往诱发再犯罪、重大群体性事件、重大舆情等严重后果、恶劣影响，对此，检察机关必须加强法律监督。

鉴于对公安机关的立案活动有法律上专门的监督途径，实践中，一般是遵循"先监督后侦查"的路径，先对公安机关怠于立案进行立案监督，通知公安机关依法立案。在对立案活动法律监督手段穷尽之后，公安机关仍然拒不立案或不立案的理由不充分的，检察机关依法对"国家机关工作人员利用职权实施的重大犯罪案件"适用机动侦查权立案侦查，既是必要的，也是合理的。

至于公安机关不宜立案侦查的案件，主要是指公安干警或者其在国家机关工作的近亲属利用职权实施的重大犯罪案件。出于执行法律规定的回避制度及维护执法办案的公信力，对这类案件由检察机关适用机动侦查权立案侦查是合适的。如公安干警在办案中对犯罪嫌疑人及其家属实施盗窃、诈骗、敲诈勒索等犯罪；公安干警利用职权参与黑恶势力走私、赌博、组织卖淫等犯罪、充当"保护伞"的案件。对这类公安机关不宜立案侦查的案件，基层检察机关无论是主动发现，还是公安机关主动移送，都应当逐级报告省级人民检察院对是否适合以机动侦查权立案侦查进行严格的评估。在省级人民检察院决定可以适用机动侦查权立案侦查后，设区的市级人民检察院应当做好与公安机关办案相关程序的衔接，主动发挥有关基层人民检察院参与、配合侦查办案的积极作用。[1]

---

① 根据《人民检察院刑事诉讼规则》的规定，对司法工作人员相关职务犯罪案件，原则上由设区的市级人民检察院立案侦查，必要时，可以由设区的市级人民检察院交由基层检察机关立案侦查；而对机动侦查案件，明确规定由设区的市级人民检察院立案侦查或者省级人民检察院自行侦查。近年来，浙江省检察机关适用机动侦查权的案件都由设区的市级人民检察院立案侦查，个别案件立案后实际上主要侦查任务是由相关基层检察机关配合完成的。其目的是充分调动基层检察机关发现线索、参与办理机动侦查案件的积极性。

第四节　关于经省级以上人民检察院决定的程序

经省级以上人民检察院决定，是适用机动侦查权案件在法定程序上的特别要求。虽然从理论上讲，机动侦查权适用的案件范围十分广，基层检察机关也享有这一侦查职权；但是，根据法律规定，省级以下检察机关不能自行启动机动侦查立案程序。只有在省级以上人民检察院决定之后，相关的设区的市级人民检察院才可以对请示案件依法启动机动侦查。从这个意义上讲，省级以下检察机关缺少履行机动侦查权的独立性、自主性，主要作用是发现、审查、移送线索，起草直接受理请示报告，执行上级办案决定，配合侦查调查，审查提起公诉以及协同上级做好办案经验总结、制发检察建议工作等。

在我国侦查制度设计上，侦查权配置总体上与犯罪案件多发在基层的客观规律相适应，是向基层倾斜的，也就是县级侦查机关是依法履行侦查权的主力军。就检察机关而言，在反贪反渎职务犯罪侦查职能存续期间，基层检察机关立案侦查的案件占检察机关立案侦查职务犯罪案件的80%以上；上下级检察机关对案件的级别管辖主要取决于被查对象的职务、职级以及涉案数额的大小，也就是说，对贪污贿赂、渎职侵权的犯罪大要案，才由设区的市级以上的人民检察院立案侦查。在遵守级别管辖规定的条件下，并不存在基层检察机关立案侦查需要由上级检察机关批准立案的情况。检察机关曾经对职务犯罪案件审查逮捕实行上提一级的做法，但这也不影响基层检察机关对普通职务犯罪案件的立案决定权。在当前法律赋予的检察机关侦查权中，也只有适用机动侦查权的案件才必须报请省级以上人民检察院审查批准。这种极其严格的程序设计，无疑就是强调检察机关要严肃慎重对待机动侦查权，既必须敢于适用，以机动侦查权的刚性促进法律监督工作提质增效，让机动侦查权成为加强法律监督工作的重要支点；也必须善于适用，通过严格的上定下行的侦查权运行，监督公安机关忠于管辖职守、依法履行立案侦查职能，促进严格执法、公正司法。这充分说明，对检察机关机动侦查权的行使，不仅省级以上人民检察院在审批中要持严肃认真的态度，而且下级检察机关在发现线索、开展审查特别是准备以机动侦查权立案的请示报告，也要持十分严格的态度。机动侦查的案件是公安机关管辖的案件，检察机关无论是补充公安机关管辖的短板，还是监督公安机关立案上的懈怠，都要坚持"一要坚决、二要慎重，务必搞准"的方针。省级人民检察院无论是在严格把握机动侦查个案条件时，还是在统筹推进全省检察机关面上的机动侦查工作时，都要高质效起到把关、指导作用。省级人民检察院对机动侦查案件立案与否所作的决定，下级人民检察院必须严格及时执行。

第三章　机动侦查权适用的原则

机动侦查权是检察机关极其特殊的法律监督职权，在检察侦查制度中有着特殊的价值功能、运行程序。要确保这项检察侦查权发挥独特的法律监督职能作用、行稳致远，就必须以新时代检察工作基本原则为原则[1]，要以检察侦查原则为指引[2]。

第一节　合法性原则

所谓合法性原则，是指检察机关适用机动侦查权必须严格遵循法律规定的范围和程序，不得超越法律的规定。这也是检察工作坚持法治原则在适用机动侦查权中的具体体现。检察机关作为国家的法律监督机关，要监督他人严格执法、公正司法，就必须做到自身要严格依法监督、依法办案。检察机关应当坚持"法定职责必须为，法无授权不得为"，以法治思维和法治方式确保机动侦查权严格在法治轨道内运行。

检察机关在机动侦查中应坚持合法性原则，主要包括：

---

[1]　对检察工作的原则有不同表述，其中一种观点认为基本原则包括：（1）法治原则；（2）公益原则；（3）依法独立行使检察权原则；（4）适用法律平等原则；（5）客观公正原则；（6）以事实为根据、以法律为准绳原则；（7）遵守法定程序原则；（8）尊重和保障人权原则；（9）司法公开原则；（10）司法责任原则；（11）检察一体原则；（12）接受人大监督原则；（13）接受人民群众监督原则。参见童建明等主编：《中国特色社会主义检察制度》，中国检察出版社 2021 年版，第 168—270 页。

[2]　参见王祺国主编：《新时代检察侦查概论》，中国检察出版社 2023 年版，第 40—47 页。该书认为，做好新时代检察侦查工作应当坚持的主要原则是：（1）坚持党对检察侦查工作的绝对领导原则；（2）坚持依法独立公正行使检察权原则；（3）坚持侦查一体化原则；（4）坚持客观公正原则；（5）坚持优质稳进的原则；（6）坚持数字赋能的原则。

首先，适用机动侦查权的案件必须是法律规定的"公安机关管辖的国家机关工作人员利用职权实施的重大犯罪案件"，绝对排除监察机关管辖的国家工作人员的职务违法犯罪案件、法律规定的人民法院直接受理的自诉案件，原则上排除其他专门侦查机关管辖的犯罪案件。其他专门侦查机关管辖的犯罪案件中，如果出现"需要由人民检察院直接受理"的情形，在同级检察机关的立案监督法律手段穷尽后，应当由侦查机关与同级人民检察院共同报告省级以上侦查（主管）机关、人民检察院共同研究，对是否可以适用机动侦查权问题作出决定。总言之，对检察机关适用机动侦查权的案件，坚决不可任意突破法律规定、扩大管辖范围，而必须在法律有明确规定下开展。①

其次，必须经过省级以上人民检察院决定。这是适用机动侦查权必须遵守的法定程序，彰显法律对检察机关适用机动侦查权谨慎的态度。目前，检察机关虽然没有对适用机动侦查权案件在法律文书、办案组织、案件管理等作出明确规定，但是从实践看，适用机动侦查权的情形下，负责对案件线索进行调查的检察机关认为需要层报省级人民检察院决定时，就应当将案件纳入案件管理系统②，以加强对案件办理活动的动态监督。

最后，必须严格遵守法律对侦查措施的规定。要把尊重和保障人权原则贯彻适用机动侦查权办案的全过程，充分保障犯罪嫌疑人、被告人的诉讼权利，充分保障受委托律师依法辩护、代理、提供法律咨询。在立案之前的审查阶段，不得接触被查对象，不得限制被查对象的人身自由、通信自由，不得查封、冻结、扣押被查对象的财产，不得暴力取证。

---

①　从法理上讲，专门侦查机关立案侦查法律规定的专门刑事案件，除了遵守特别法规定外，适用刑事诉讼法对公安机关立案侦查普通刑事案件的规定，且都要接受检察机关的法律监督，因此，同样存在需要由人民检察院直接受理的情形，检察机关有适用机动侦查权的实践需求和法理依据。当然，适用机动侦查案件是极其严肃的法律监督工作，最终应当得到法律或者司法解释上的明确授权。

②　目前浙江等地规定，案件自上报省级人民检察院起就应当纳入案件管理系统，但全国检察机关尚未就机动侦查案件实行统一规范的案件管理。

立案侦查之后严格按照法律规定的侦查人员、时限、措施、程序开展侦查工作；采取特殊的侦查措施必须按照法律规定经批准后严格执行，如对犯罪嫌疑人指定居所监视居住，开展技术、特勤、秘密侦查活动等。在实行侦查一体化办案中，非本院的检察人员从事侦查活动，应当按照人民检察院组织法、检察官法以及最高人民检察院的司法解释，由领导、组织立案侦查工作的上级人民检察院检察长批准，明确在办案组织中的职责。需要注意的是，从事侦查办案的检察人员不得承担本案审查逮捕、审查起诉、出庭支持公诉和对刑事审判、执行活动实行法律监督的职能。

第二节　敢于监督、善于监督原则①

进入新时代，检察机关的法律监督工作在实施全面依法治国方略和重塑变革中得到不断加强，得到党中央的高度重视，根本上就是在习近平法治思想指导下，检察机关增强了敢于监督、敢于斗争的政治自觉、法治自觉，包括检察侦查工作在内的各项法律监督工作唤发出前所未有的生机活力，机动侦查权在面临严峻挑战中被唤醒、被激活。从机动侦查权的属性和沿革可见，检察机关的机动侦查权除了具有惩治、预防犯罪和监督国家机关工作人员职权行为外，对国家机关的公权力有双重的法律监督功效：一方面，它是检察机关对公安机关承担国家机关工作人员利用职权实施的重大犯罪案件立案侦查的法律监督，是检察机关在刑事诉讼起始阶段对刑事诉讼活动有全过程决定性意义的法律监督工作；另一方面，它是对有关国家机关执法、司法活动以及相关的公权力运行、管理的深层次的法律监督。通过启动机动侦查权，监督有关国家机关严格执法，全面加强对执法、司法活动的监督、管理。从中我们清楚地看

---

① 2003年4月，时任浙江省委书记的习近平同志参加全省第十三次检察工作会议，强调检察机关要"敢于监督、善于监督、勇于开展自我监督"。这一重要监督思想是新时代推进中国检察工作现代化的根本遵循。

到，检察机关适用机动侦查权承担立案侦查活动的挑战是全方位的，不仅要查明和惩治国家机关工作人员利用职权实施的重大犯罪，而且要对公安机关、相关国家机关的依法履职活动实行法律监督，还要抵御可能来自各方面的对侦查办案的干扰、阻力；同时，立案侦查机动侦查案件对检察机关的侦查办案能力也是现实的考验。这就要求检察机关敢于亮出法律监督之剑，勇于同任何公安机关管辖的国家机关工作人员利用职权实施的重大犯罪和怠于行使立案侦查职权的任何失职渎职行为作坚决的斗争。同时在斗争中更应当讲究法律监督的智慧、艺术和策略，与被监督单位求同存异、合力惩治国家机关工作人员利用职权实施的重大犯罪，共同通过以点带面、标本兼治，取得机动侦查办案双赢多赢共赢的政治效果、法律效果、社会效果的有机统一，推进国家治理体系和治理能力现代化。

第三节　必要性原则

《刑事诉讼法》第十九条第二款在规定适用机动侦查权的案件是公安机关管辖的国家机关工作人员利用职权实施的重大犯罪案件，这一比较宽泛的案件管辖范围的同时，既在实体上限定为"重大犯罪案件"，并存在"需要由人民检察院直接受理"的情形；又在程序上明确要求"经省级以上人民检察院决定"。其意涵就是，在刑事诉讼法规定的公安机关、人民法院、人民检察院分工负责、互相配合、互相制约的原则下，检察机关以机动侦查权的方式立案侦查本属公安机关管辖的案件，应当是极其特殊情况下的补充和例外，是附严格法律条件的检察侦查活动。"检察机关一旦决定行使机动侦查权，公安机关不得再通过提级管辖或者指定管辖的方式排除检察机关机动侦查权的介入。"[1]

---

① 谢澍：《检察机关侦查权的监督性及其体系化进路》，载《中国刑事法杂志》2022年第3期。

也即检察机关的机动侦查权一旦行使，就排除了公安机关对案件的法定管辖权，因此，"检察机关行使机动侦查权只能针对个别案件"[1]，这是全面科学认识机动侦查权有着重大法律监督潜力价值的法律逻辑，也是正确适用机动侦查权应当坚持的法治定律。正是因为适用机动侦查权在实体上、程序上有着比直接侦查权、自行（补充）侦查权更严格的法律要求，才显示出检察机关适用机动侦查权立案侦查对公安机关的依法管辖、立案，以及对相关国家机关公权力活动有着重大的法律监督功效。法定管辖是侦查权合法性的基础，适用机动侦查权的案件是法律规定属于公安机关管辖的案件范围，从法定职权不可任意转让角度看，没有出现法律规定的极其特别的事由，由公安机关管辖的犯罪案件只能由公安机关立案侦查，其他任何机关都无权干涉公安机关行使管辖职权。检察机关适用机动侦查权坚持必要性原则，要求强化法律监督的谦抑性和严肃性，明确以机动侦查权立案侦查的国家机关工作人员利用职权实施的犯罪案件，是个别的、特殊的法律监督现象，虽然有普遍适用的法理基础，但并非普遍意义常态的检察侦查活动，因此，对适用机动侦查权不能设置任何办案指标、追求办案规模、对办案实行普遍性考核。[2] 要尊重公安机关对刑事犯罪案件管辖的主体地位，全过程加强与公安机关的沟通会商、配合协作，把握依法严格行使机动侦查权的主动权，确保检察机关行使机动侦查权始终在法治

---

[1] 童建明、万春主编：《〈人民检察院刑事诉讼规则〉理解与适用》，中国检察出版社 2020 年版，第 19 页。

[2] 对检察机关适用机动侦查权不设置考核目标，仅对个别案件适用，认识上是统一的。针对检察实践中长期忽视对机动侦查权这一重要侦查职权的应用，当前和今后一段时期强化激活适用机动侦查权立案侦查的法律监督意识、强化勇于探索精神是必要的，关键是实践中要积极稳妥、优质高效，不能自行其是、一哄而上。

轨道上进行。[1] 要坚持最严格适用机动侦查权的工作方针，严格把握"需要由人民检察院直接受理"的情形，在省级检察机关统筹、指导下，从案件线索审查到案件上报省级以上人民检察院审批，全过程把握适用机动侦查权案件事实关、法律关、程序关和效果关，确保经得起事实、法律和历史的严格检验；全过程加强与公安机关的沟通会商、配合协作，严格依法把握行使机动侦查权的主动权，确保合法、高质效行使机动侦查权。

第四节　高质效原则

检察侦查是政治性极强的业务工作，必须严格在法治轨道内履行侦查职能，把优质稳进充分贯穿在侦查办案实践之中[2]。检察机关的机动侦查权是一项特殊的法律监督职能，不仅要依法惩治和预防国家机关工作人员利用职权实施的重大犯罪，而且是对公安机关执行法定管辖制度、依法立案活动的法律监督，是对涉嫌重大犯罪案件相关国家机关执法监管活动的法律监督，法律功效广泛而深刻，更要"高质效办好每一个案件"，实现双赢多赢共赢的良好办案效果。机动侦查高质效办案，首先是高质量办案，就是指检察机关坚持客观公正职业立场，坚持办案是实体与程序、打击与保护、惩治与预防、文明与安全的有机统一，确保适用机动侦查权的案件对标"立得住、诉得出、判得了"的严格标准，经得起法律的严格检验。可见，高质量办案是一个综合性目标，是高质效

---

[1] 实践中出现个别地方检察机关对于公安机关立案并移送审查逮捕、审查起诉的并不典型的国家机关工作人员利用职权实施的普通刑事犯罪案件，以职能和程序优势中断案件的诉讼进程，转而由检察机关以机动侦查案件立案侦查的异常现象。笔者认为，这违反了检察机关履行机动侦查权的法定程式和法律价值，是不严肃、不规范、不可取的做法。

[2] 王祺国：《坚持"优质稳进"推动检察侦查高质量发展》，载《检察日报》2022年4月1日，第3版。

适用机动侦查权立案侦查不可动摇的前提和基础，是案件高质效的核心。其次，高质效办案应当是高效率的办案，确保重大犯罪能够得到及时惩处。效率原则是侦查工作的共性原则。如果对已经发现的犯罪活动不加以依法及时惩治，就会导致犯罪的恶化、蔓延，产生更严重的社会危害性。法律对刑事诉讼的侦查、起诉、审判等程序都有期限规定，公安机关、检察机关、审判机关都应当在法定期限内实现诉讼效率与诉讼经济同步提升。检察机关只要认准适用机动侦查的案件，就要在精准开展周密立案前审查工作基础上加快层报省级以上人民检察院批准决定的进程。省级人民检察院应当在事先充分指导、严格把关的基础上第一时间对案件作出以机动侦查权立案的决定，为提高对国家机关工作人员利用职权实施的"重大犯罪案件"的立案侦查效率赢得先机。办案周期中，尽可能不出现延长羁押期、办案期限以及退回补充侦查等质量不高、效率低下的情况。最后，高质效意味着办案要取得更好的效果。这个效果宏观上就是指取得政治效果、法律效果和社会效果的有机统一。具体到适用机动侦查权办案主要有三个方面：一是确保案件顺利侦查终结，经审查起诉交付审判，相关国家机关工作人员利用职权实施的重大犯罪得到法律严惩，相应的合法权益得到法律救济和保护，被犯罪破坏的法律秩序、社会关系得到修复，真正做到案结事了人和。二是做好案件的后半篇文章。适用机动侦查权的案件可以发生在任何国家机关公务领域，都与公安机关不愿、不宜管辖立案的职权有内在关联，从个案中可以探寻案件发生的规律性、共性的问题。检察机关要透过现象看本质，抓住主要矛盾、深刻查找原因、研究对策措施，有针对性地做好制发纠正违法、检察建议的工作，帮助和促进有关国家机关、公安机关增强法治意识、堵塞工作漏洞、完善体制机制、加强监督管理，共同推进执法、司法活动法治化。三是努力把案件变成案例。检察机关适用机动侦查权是少有的法律监督工作，并不是每一个检察机关、检察官都会有这样十分难得的办案经历。经验来自实践。要认真总结办理每一起机动侦查案件的经验，以案件为载体把案件变成案例。要以检察侦查思维和方式，精心梳理每一个侦查细节的成败得失，深刻分析适用机动侦查权的共性和规律性，为高质效办案提供借鉴。

第五节 一体化原则

我国宪法、人民检察院组织法规定，最高人民检察院领导地方人民检察院、专门检察院的工作，上级人民检察院领导下级人民检察院的工作。这种领导体制，决定了检察一体化是我国检察工作的重要法治原则和制度优势。新时代加强检察机关的法律监督工作，一个重要的法治保障就是坚持检察一体化原则。一直以来，检察一体化原则在各项检察工作中都有所体现，而体现最充分的就是在职务犯罪侦查领域。究其原因，主要在于职务犯罪案件隐蔽性、专业性、对抗性强，又易受到外界的干扰、阻力，需要检察机关以强有力的一体化机制保障依法独立公正行使检察权。在新时代"四大检察"法律监督格局中，特别是有限的职务犯罪侦查中，检察机关更要强化检察一体化的功能。机动侦查权的启动本身就体现了检察一体化。根据《人民检察院刑事诉讼规则》，当前对机动侦查案件由设区的市级人民检察院立案侦查或者作出决定的省级人民检察院立案侦查（实践中还未出现省级人民检察院直接立案侦查的情况）。这就进一步决定了，对于机动侦查案件必须以设区的市级人民检察院为主体，举全市检察机关侦查之力集中优势兵力攻坚克难、一体作战。而适用机动侦查权的案件是国家机关工作人员利用职权实施的"重大犯罪案件"，这些"重大犯罪案件"既有职务犯罪的特征，也有刑事犯罪的特点，在犯罪的结构、内涵、方式、手段上更为复杂多样。尤其是在调查取证、定性处理上更为疑难复杂，需要检察机关组建一个由侦查部门检察人员为主的跨检察业务条线、部门、专业的办案组织、办案团队，实现检察侦查职能与其他检察职能的深度融合、优势叠加。从近年来检察机关的机动侦查实践看，由于案件实体与办案程序的交叉与关联，不仅需要检察机关融合多种侦查职能和诉讼监督职能，在检察职能一体化框架中，形成更加紧密的分工与衔接相统一的法律监督系统工程 ①，而且必然涉及公安机关的管辖问题、相关国家机关的管理问题，还有很多时候涉及与监察机关共同办案中的分工协作问题。因此，适用机动侦查权立案侦查活动，检察一体化已经不仅仅是检察机关侦查职能的纵向一体化，也不仅仅是各项检察职能的横向一体化，而是要形成执法、监察、司法的开放式、立体性、信息化、协同型的法律共同体。

第六节　数字赋能原则

数字化是现代化的重要特征和重大动能，改变和丰富着中国式现代化的发展内涵和实现方式。我国专门制定了数字经济的发展规划，设立了国家大数据局，可以说，数字化已经是中国式现代化的重要战略支撑。最高人民检察院制定、实施了数字检察发展规划，在《2023—2027 年检察改革工作规划》中专门对"健全数字检察制度体系，提升新时代法律监督质效"作出系统性部署，指出"积极构建'业务主导、数据整合、技术支撑、重在应用'的数字检察工作模式，创新大数据条件下的检察监督方式方法"，这为数字赋能检察侦查指明了正确的方向和路径。检察机关的侦查工作经历了反贪反渎侦查时期的科技强侦、信息引导侦查、发展到重塑后今天的数字赋能侦查的历史性跨越。近年来，在最高人民

---

① 2021 年 12 月，浙江省检察机关率先召开全省检察侦查工作会议，科学领会刑事诉讼立法精神、深刻总结检察侦查办案实践经验，提出了坚持审查、调查、侦查"三查融合"的法律监督新理念，更加强调从法律监督的整体性、系统性、内生性、循环性上推进检察侦查工作与其他法律监督工作的深度融合，在检察系统引起广泛影响。2022 年，浙江省人大常委会通过的《关于进一步加强新时代检察机关法律监督工作的决定》中首次在地方性法规中指出：要优化法律监督方式方法，创新审查、调查、侦查"三查融合"办案模式。

检察院的部署、推动下①，数字检察迎来全面推进新的发展历程。一些率先发展的省份取得了实战实效的显著成绩，探索出数字赋能检察侦查的新路径。浙江省检察机关纵深推进数字检察体系建设，形成了"两平台一中心一端＋一体化"的数字检察整体框架，即"检察大数据法律监督平台、检察＋协同共治平台、检察业务绩效管理中心、检察服务端（检察 App）和政法（办案协同）一体化"的数字检察体系，确立了"个案办理—类案监督—系统治理"的数字检察工作流程，从整体上提升了法律监督工作的质效②，特别是数字赋能检察侦查实效明显。几年来，浙江省检察机关依法查处司法工作人员相关职务犯罪案件，依法适用机动侦查权立案侦查国家机关工作人员相关职务犯罪案件，都走在前列，重要经验就是依靠数字赋能检察侦查，加快推进检察侦查工作从智力性向智能性转变，侦查理念、模式、流程得以革命性重塑。一个数字化条件下检察侦查"未知见已知""已知见未知"的侦查感知场景正在加快形成，检察侦查工作充满着浓浓的现代化气息。③ 机动侦查的案件是公安机关管辖的国家机关工作人员利用职权实施的重大犯罪，除了极少数极端的、暴力性案件外，大多数案件极具隐蔽性、伪装性，无论是发现有价值的线索还是深入推进侦查活动，各种困难很大，涉及各项检察业务，涉及与公安机关管辖衔接和办案协同，涉及与有关国家机关的联系与配合，因而，特别需要在检察大数据导航下，强化数字赋能精准发现线索、精确开展调查核实、有效加强协作配合。从一定意义上讲，坚持数字赋能原则，就能够使检察机关牢牢把握正确运用机动侦查权的主动权，就能够使机动侦查权有一个现代化的实战场，就能够使机动侦查权充满生机活力行进在通向高质效的法治轨道上。

---

① 2022 年 6 月底，最高人民检察院在浙江召开全国首次数字检察工作（现场）会，对数字检察工作进行了全面部署，会议表彰了全国数字检察首届模型大赛十强，浙江省人民检察院就数字检察实战实效作了现场交流。

② 参见《逐浪数字蓝海的检察新篇》，载《检察日报》2023 年 11 月 13 日，第 1 版、第 4 版。

③ 参见王祺国：《数字赋能检察侦查的进路》，载《人民检察》2022 年第 13 期。

第四章　机动侦查的线索与管理

线索泛指事物发展的脉络或者探求问题的途径，是人们认识事物本质、揭示事物真相、确定目标方向、探寻解决方法的普遍现象。线索是案件之源、侦查之本，关乎侦查工作的数量与质量、内容与形式、重点与方法、现在和将来。检察侦查的历史充分证明，线索既是开启立案侦查活动的必要前提，又是全过程左右侦查办案活动的主线，检察侦查工作要高质效发展，关键在线索、基础在线索。而发现线索难、发现高质量的线索更难导致的优质案源匮乏，一直是伴随着检察机关侦查工作的主要矛盾，是制约检察侦查办案优质高效的瓶颈。职务犯罪案件是掌握公权力的特殊主体的犯罪，犯罪行为与职权行使有着内在联系，犯罪活动更具智能性、专业性、隐蔽性，也更有利用职权转移、分解、掩盖犯罪真相的有利条件，发现和掌握有价值的线索无疑就是检察机关高质效加强侦查工作的重中之重。对正处于被激活状态的机动侦查工作而言，检察机关提升精准发现线索的能力，是增强依法履行机动侦查权的法治自觉、高质效立案侦查机动侦查案件的命脉所在。解决了这个发现线索、发现有价值线索难的主要矛盾，也就抓住了运用机动侦查权的主动权，就抓住了机动侦查权发挥在加强检察机关法律监督工作中重要价值的"牛鼻子"。从这个意义上讲，线索就是激活机动侦查权的生命体，就是驱动机动侦查前行的特殊的发动机。

第一节　机动侦查案件线索的主要特征

机动侦查案件的线索特征，主要取决于法律规定的检察机关适用机动侦查权的案件范围和案件类别，使其不仅与一般犯罪案件的线索相区别，而且与检察机关直接侦查、自行（补充）侦查的案件线索相区分。从法理上看，机动侦查案件的线索主要有以下特征。

一、机动侦查案件的线索也是公安机关管辖的刑事犯罪线索

机动侦查案件的线索必须是涉嫌犯罪的线索，而且是公安机关管辖的刑事犯罪案件的线索。履行机动侦查权实质上是检察机关对公安机关立案侦查活动的法律监督，属于刑事诉讼法律监督范畴，包括对依法执行刑事管辖制度、立案侦查活动的法律监督。依照法律规定，监察机关管辖的国家工作人员涉嫌职务违法犯罪的案件，人民法院依法受理的自诉案件，检察机关直接管辖的司法工作人员相关职务犯罪案件和自行（补充）侦查的案件，均不属于检察机关适用机动侦查权的案件范围，应当严格将这部分案件线索排除在机动侦查线索外。对于法律规定的国家安全机关、海关、海警、监狱、军事保卫机关等专门的侦查机关管辖的刑事犯罪案件，遵循"法定职权必须为、法无授权不得为"的原则，这类案件不纳入适用机动侦查权的案件线索范围，但检察机关可以通过常态的立案监督、自行（补充）侦查等监督机制，开展对专门侦查机关立案侦查活动的法律监督。需要注意的是，由于犯罪行为的复杂性、交叉性，且在对线索没有开展必要的审查甄别的情况下，可能大量存在犯罪性质模糊、边界不清、难以归口的线索。从有利于拓展机动侦查案件线索的来源看，适当扩大线索范围、增加线索储备也是必要的，符合客观实际。在线索的分类上，这类线索应当作为备用性、预备性的线索进行分类管理。

二、机动侦查案件的线索是国家机关工作人员利用职权实施的刑事犯罪线索

这从法律监督属性上进一步限制了机动侦查权适用的案件范围，即

机动侦查权只适用于国家机关工作人员这一特殊主体利用职权实施的刑事犯罪案件。一般而言，非国家机关工作人员实施的犯罪，或者虽然是国家机关工作人员，但不是利用职权实施的犯罪或者利用职权实施的是一般性的违法行为，都不属于检察机关适用机动侦查权的线索范围。同样，由于犯罪形态的复杂性、交叉性、多样性，也鉴于检察机关适用机动侦查权处在起步阶段，所以对线索收集的案件范围不宜过于机械。实践中，对于所有国家机关工作人员涉嫌刑事犯罪的线索，对国家工作人员涉嫌的刑事犯罪线索，对涉黑涉恶犯罪案件存在"保护伞"的线索，只要不属于监察机关法定管辖案件范围，在检察机关法律监督的职能范围内，都应当增强线索收集的敏感性，扩大国家机关工作人员涉嫌利用职权实施犯罪的线索规模，把线索的"基本盘"做大。

三、机动侦查案件的线索是重大犯罪案件线索

机动侦查案件的线索，还应当是国家机关工作人员利用职权实施的"重大犯罪案件"的线索；国家机关工作人员利用职权实施的一般性的犯罪线索，严格意义上讲不是机动侦查案件的线索。从实践看，由于国家机关工作人员利用职权实施的犯罪案件并不多，何谓"重大犯罪案件"并没有法律上的严格标准，从有利于拓展机动侦查案件的线索空间看，对所有国家机关工作人员利用职权实施的刑事犯罪线索，检察机关都有必要先予收集；对于国家机关工作人员已经被纪检监察机关立案审查、调查的涉嫌犯罪的线索更应当及时收集。掌握的国家机关工作人员职务犯罪的线索多了，就能更好地在分析、研判、聚焦"重大犯罪案件"线索方面积累经验、总结规律。

第二节　机动侦查案件的线索来源

我国法律对检察侦查权的配置是以加强法律监督工作、发挥法律监督职能优势为立足点。直接侦查、机动侦查职权寓于法律监督整体之中，并与监察机关在依法查处职务犯罪案件上形成分工负责、优势互补的合力。这就决定了检察机关履行法律监督职能是机动侦查案件线索的主要来源，应当切实增强检察机关在法律监督工作过程中发现机动侦查案件线索的敏感性和能动性。

一、在履行"四大检察"职能中发现线索

机动侦查的案件大都隐藏深、伪装强，是案件背后的案件。除了极少数是国家机关工作人员利用职权实施的暴力性、公开性犯罪外，大多数国家机关工作人员利用职权实施的犯罪是隐蔽性、模糊性很强的刑事犯罪，有的还内外勾结、沆瀣一气，形成犯罪的利益共同体，一般很少自我暴露、内部"爆雷"。由于国家机关工作人员利用职权实施的重大犯罪案件领域广、跨度大、类别多，与刑事、民事、行政案件互为牵连、相互关联，各级检察机关特别是基层检察机关在依法履行刑事、民事、行政和公益诉讼检察职能中，都有主动发现机动侦查案件线索的条件。这就要求检察机关在各项法律监督工作中增强侦查意识，在履行法律监督职能过程中深挖细查、追根究底，深度挖掘隐藏在案件背后犯罪线索的蛛丝马迹。比如，在办理虚假诉讼案件、民事违法执行案件中，就要高度重视是否存在国家机关工作人员特别是司法工作人员利用职权实施的重大犯罪；再如，在对监察机关立案调查国家机关工作人员职务犯罪案件提前介入过程中，就要紧盯作为被调查对象的国家机关工作人员是否还涉嫌属于公安机关管辖的刑事犯罪案件。从实践看，作为检察机关对公安机关立案监督的特殊方式，机动侦查的案件线索有一半以上来

自检察机关办理的立案监督案件、审查逮捕案件和审查起诉案件。这就要求从事刑事检察的部门、检察官切实增强侦查意识，充分发挥审查逮捕、审查起诉的职能优势，在办理立案监督、追捕追诉案件中，敏锐捕捉机动侦查的案件线索；检察侦查部门更要主动加强与刑事检察部门的沟通、配合，在发现线索、管理线索、经营线索上同频共振、形成合力。

二、在履行检察侦查职能中深挖线索

如前所述，我国法律对检察机关侦查权的配置是直接侦查权、机动侦查权、自行（补充）侦查权"三位一体"的侦查权结构。其中，相对于普遍的常态的直接侦查、自行（补充）侦查而言，机动侦查权的有效运行，很大程度上得益于检察机关在履行直接侦查、自行（补充）侦查职能过程中所发现和深挖的线索。这些机动侦查案件的线索来自检察机关自身侦查活动过程之中，与正在办理的侦查案件在犯罪构成、犯罪形态上有着密切关系，具有极高的成案价值。"在侦查中办案、在办案中侦查"①是近年来浙江等省份率先履行机动侦查权并保持可持续发展的重要经验。比如，某设区的市人民检察院在立案侦查某派出所副所长涉嫌徇私枉法罪案件过程中，发现其在辖区范围内还出资由他人经营一家足疗保健中心，持续数年、生意火爆，有组织、容留妇女卖淫犯罪的重大嫌疑。该市人民检察院依法启动机动侦查程序，经省级人民检察院决定，对该犯罪嫌疑人以涉嫌组织、容留妇女卖淫罪立案侦查。后该案以数罪并罚，判处被告人有期徒刑十一年。再如，某设区的市人民检察院在对一起涉及恶意串标、围标案件进行自行（补充）侦查中，发现某招投标机构工作人员多次为违法犯罪团伙泄露标底、评标专家名单，并长期在涉案企业领取分红、奖励，存在利用职权实施重大犯罪的嫌疑，经省人民检察院决定，对该招投标工作人员立案侦查。该案的办理，有力推进

---

① 为推进新时代检察机关法律监督工作全面协调充分融合发展，近年来，最高人民检察院提出了"在办案中监督、在监督中办案"的法律监督新理念，促进了检察机关法律监督工作走系统集成、内生动力、循环发展的高质量、可持续发展道路。

了招投标活动的法治化管理，净化了招投标的市场环境。检察机关在机动侦查过程中，也要注意深挖余罪，拓展线索、扩大成效。此外，通过侦查协作，不同地区的检察机关在办理各类检察侦查案件中，也会发现其他地区国家机关工作人员利用职权实施的重大犯罪的线索，这些相互移送的线索来自正在或已经办理的检察侦查案件，质量高、可查性强，也是机动侦查案件的可靠线索来源。

三、在监检衔接中发现线索

国家机关工作人员利用职权实施的犯罪，其内容与形式更为复杂多样，除了监察机关依法管辖的案件范围外，还可能涉及与检察机关共同管辖的司法工作人员相关职务犯罪，或者公安机关管辖的利用职权实施的刑事犯罪。由监察机关负责立案调查的职务犯罪案件，检察机关在监察机关移送起诉之前会依法依规对案件开展提前介入，对监察机关就案件认定的事实、证据、定性等进行审查、会商，因而能够及时发现非监察机关管辖的刑事犯罪线索。对这些涉及国家机关工作人员利用职权实施的重大犯罪线索，检察机关应当及时开展审查，以确定是否以机动侦查权立案侦查；如果决定立案侦查的，应当快侦快结，尽可能与监察机关办理的案件一并审查起诉，在同一个审判程序中对被告人定罪处刑；如果时间上做不到同步，应当先将监察机关移送的职务犯罪案件提起公诉、定罪量刑，在后续对机动侦查案件审判时再依法以数罪并罚确定应当执行的刑期。[①] 实践中，通过检察机关高质效履职，在配合监察机关立案调查过程中由监察机关移送的机动侦查案件线索虽然不多，但是这些

---

① 浙江省某设区的市人民检察院曾经在提前介入同级监委立案调查的一起处级领导干部重大贿赂案件中，发现被调查人还涉嫌严重的徇私枉法犯罪。经省检察院决定，对该被调查人以徇私枉法罪立案侦查。由于案情特别重大复杂，难以做到与监察机关移送起诉的受贿案件同步提起公诉。在受贿罪已经被定罪处刑之后，才与随后提起公诉的徇私枉法罪以数罪并罚确定执行的刑期。由于机动侦查案件的犯罪主体是国家机关工作人员，实践中往往一人涉嫌由监察机关等不同管辖机关立案管辖的数罪，在线索的审查、立案侦查（调查）、案件处理上会出现时间上、程序上的差异，需要有关机关依法定程序加强协调、形成合力。

线索价值高、可查性大，既增强了反腐败斗争的合力，又拓展了检察机关发现线索的空间，是一条行之有效的线索发现途径。

当然，从实践看，机动侦查的案件线索还可能来源于公安机关鉴于自己不便立案侦查而主动移送的线索，领导机关交办、督办的线索，犯罪嫌疑人主动向检察机关投案自首的线索，相关人员控告、检举、揭发的线索，以及舆情、媒体炒作的线索等。对来自任何途径的线索，检察机关都要予以重视。

第三节　机动侦查线索的数字化收集与管理

数字赋能检察侦查是"科技强侦""信息引导侦查"的升华，是侦查动能的质的变革，是一个以及时、准确发现线索即侦查目标为核心的系统工程。对于隐蔽性、专业性、伪装性、对抗性强的机动侦查案件，更要在精准发现线索的侦查起跑线开始，坚定不移走数字赋能的路子，下大力气夯实数字侦查的数字化基础。[1]

一、建立机动侦查专项数据库

数据是数字赋能的基础，数字检察时代需要集聚开放、丰富的大数据资源，建立与检察机关法律监督格局、类别、专业、区域相适应的各种数据库。直接侦查、机动侦查、自行（补充）侦查，都应当按各自的要求建立切实可行的数据库，实现与法律监督数据池的贯通共享。[2] 在最高人民检察院规划、省级人民检察院统筹、设区的市级人民检察院为主体、基层人民检察院为基础的数字检察体制中，省级人民检察院应当为检察侦查规划和建设侦查数据库，并以设区的市级人民检察院为单元，

---

[1]　参见王祺国：《数字赋能检察侦查的进路——以浙江省检察侦查工作数字的进程为例》，载《人民检察》2022 年第 13 期。

[2]　王祺国：《数字赋能检察侦查的进路》，载《人民检察》2022 年第 13 期。

细化机动侦查案件专门的数据库建设。

（一）建立国家机关工作人员涉罪案件数据库

由于犯罪的关联性、复合性，不论国家机关工作人员涉嫌的是什么样的犯罪，都有隐藏其利用职权实施重大犯罪的可能。建立国家机关工作人员涉罪案件数据库，能够全面分析国家机关工作人员实施犯罪的规律、特点，从而以案带案，发现隐藏在案件背后的机动侦查的案件线索。需要强调的是，为了拓展线索空间，在机动侦查工作起步时期，可以以国家机关工作人员涉罪案件为重点，将数据库扩大为国家工作人员的涉罪案件。这不仅能够更广泛挖掘国家机关工作人员涉罪案件中隐藏的利用职权实施的重大犯罪的机动侦查案件的案源，拓展主动发现线索、查处案件的空间，而且能够为今后机动侦查的案件管辖范围向国家工作人员利用职权实施的重大犯罪延伸提供有益借鉴。

（二）建立涉黑涉恶案件"保护伞"数据库

为期三年的扫黑除恶专项斗争[①]表明，涉黑涉恶案件特别是长期盘踞一方的黑恶势力，通常背后有大大小小的"保护伞"，其中不乏国家机关工作人员尤其是司法工作人员参与其中、为其撑腰。[②]检察机关有必要建立侦查数据库，细化机动侦查案件的专门数据，为准确挖掘线索提供丰富的数据支持。

（三）建立国家机关工作人员涉纪案件数据库

在监察监督全覆盖的制度下，各级纪检监察机关集中建立、管理国

---

① 自2019年起，中央部署在全国范围内开展为期三年的扫黑除恶专项斗争，不仅捣毁惩治了一大批涉黑涉恶犯罪团伙、组织，而且深挖查处了一批国家机关工作人员充当"保护伞"的违法犯罪案件，有效阻断了以案谋私、钱权交易的黑色生态链，促进了社会治理的治本化、制度化、法治化。

② 从浙江省检察机关几年来率先开展立案侦查机动侦查的案件看，涉案对象主要是司法机关工作人员，大多数还涉嫌司法工作人员相关职务犯罪，与充当黑、恶犯罪的"保护伞"有内在关联。

家公职人员违法违纪案件的档案和数据库。检察机关建立国家机关工作人员涉纪案件数据库，是在反腐败政治格局中监检衔接、优势互补的重要创新机制，有利于在各司其职基础上增强依法反腐败斗争的合力。检察机关应当主动依靠纪检监察机关，以共享的方式建立数据平台，确保数据的及时准确抓取、应用和管理的安全，并建立数据信息与使用情况向监察机关通报的制度。可能的情况下，建立国家工作人员更广泛主体的违纪案件数据库，这对于拓宽机动侦查案件的线索渠道，具有长远意义。

机动侦查案件数据库应当是一个开放性的、发展性的数据载体，新闻媒体、舆情炒作、群体信访涉及的有关国家机关工作人员的负面数据应当包含其中，非国家机关工作人员的公职人员的涉罪涉诉涉纪数据也应当包括其中。这样，才能使数据容量、类型更为广泛、丰富，适应机动侦查案件涉及领域广、复杂多样的特点，更广泛地反映相关地域、系统、行业真实的政治生态和社会实际，增强数据的指引力和穿透力。

二、建立机动侦查专门线索库

机动侦查数据库的建立和完善，为建立机动侦查线索库提供了数据支持，保证了线索来源、生成的科学性，线索反映、展示的价值的真实性，侦查数据最终应该实现侦查线索质的转变。

从某种意义上讲，侦查线索是侦查数据的高级形式，也是侦查数据的意义所在。然而，侦查数据要变成侦查线索，是有严格的实体要求和线索要素要求的。根据机动侦查权的运行规律、案件共性和法定条件，机动侦查的线索在实体上必须同时满足三个必备条件：线索反映的对象必须是国家机关工作人员；线索反映的案件必须是国家机关工作人员利用职权实施的重大犯罪案件；线索反映的案件属于公安机关管辖。这三个实体条件缺一不可。更为重要的是，要成为机动侦查的线索必须具有线索的内在要素，主要是：第一，线索反映的对象与反映的职权或者职务是同一主体，可以排除是其他人所为；第二，线索反映的相关重大犯罪已经发生，或者被查处，或者有证据证明已经暴露，如涉黑涉恶犯罪案件正在被追诉之中，相关犯罪已经成为社会热点、引发舆情等；第三，有证据表明，有关国家机关工作人员利用职权组织、策划、参与了线索反映的相关重大犯罪活动；第四，线索反映的国家机关工作人员利用职权实施的重大犯罪案件，不存在已经被依法惩处或者已过追诉时效的情形。

综合上述对机动侦查线索要件、要素的分析，在省级人民检察院的统筹下，设区的市级人民检察院应当建立机动侦查专门的线索库。对标立案条件和成案可能，线索可以大致分为一级、二级、三级线索，并实行严格、专门的分类管理。

一级线索指价值高、成案可能性大的线索；或者虽然线索反映的国家机关工作人员利用职权实施的重大犯罪案件并不特别清晰，但是有迹象表明存在国家机关工作人员实施报复、毁证、逃跑、自杀等紧急情况的。一级线索大多是检察机关在监督办案中依职权发现、深挖的，也有监察机关、公安机关或者其他国家机关依规定移送或者紧急移送的，少量的是犯罪嫌疑人投案自首或者同案犯检举、揭发，可以说是案件的半成品。对一级线索应当边入线索库管理，边着手开展立案审查工作，符合立案条件的则依法及时立案侦查。立案后，可采取对犯罪嫌疑人实施刑事拘留等强制措施，对犯罪相关场所进行搜查，对相关涉案财物实施查封、冻结、扣押等强制性手段，防止因调查、侦查工作迟缓、措施不力导致宝贵的线索流失或者扩大犯罪的社会危害性，骤增侦查办案的压力、风险。

二级线索指性质、指向明确，有一定可查性的线索。这类线索既可以在检察机关开展法律监督工作中发现，也可以在与相关机关工作衔接、联系中发现，还可以通过群众控告、检举、信访等发现，是比较常见的线索形态。也即对反映的国家机关工作人员利用职权实施的重大犯罪案件，人有所指、案有所向，关联性、因果关系描述等尚不清晰，相关证据不足。这类似像非像、似有非有的机动侦查权的案件线索，由于具有进一步调查核实的价值，应当以二级线索进入线索库进行针对性动态管理。应当有针对性地开展线索经营，结合相关关联案件、线索、情报分析、判断线索含金量是否提高、成案价值是否增加，如果符合可查性条件，就应当以一级线索标准，伺机决定开展立案审查工作。

三级线索主要是指除了上述线索外的其他有关国家机关工作人员或者扩大到国家工作人员涉罪、涉法、涉纪的线索。这类线索面广量大、种类繁多，有的已经是相关执法、监察、司法机关正在办理或者已办理了的案件信息、档案。鉴于机动侦查工作尚属起步阶段，且线索大多数隐藏在相关案件背后，因此，可以作为扩大的线索存量纳入线索库进行管理。数据库中的涉黑涉恶案件中涉及"保护伞"的案件或者线索，除了少数具有可查性的线索，一般应当以三级线索进行入库管理。三级线索其实就是一个扩充的线索池，平时处于蓄水、备用状态，必要时，如在相关一、二级线索出现时，可以起到印证或者提级作用，有利于扩大线索范围、视野，加强对针对性、关联性线索的调查核实，把握发现、管理、经营线索的主动权。

三、机动侦查线索的数字化管理

加强机动侦查线索的数字化管理，要遵守线索分级归类、专人负责、集中管理、安全保密、销号归档的一般原则。应当将包括机动侦查案件线索在内的检察侦查的线索库从检察大数据中心分离出来，由设区的市级人民检察院检察侦查部门指定专人集中进行分类管理，并实行向省级人民检察院备案制度。按照最高人民检察院的部署，省级人民检察院应当制定包括机动侦查案件线索在内的侦查检察线索管理规定，明确线索的性质、分类、报告、管理、使用、反馈、销号、纪律等。

一要建立机动侦查案件线索管理的专用数字模块。机动侦查线索无论是来源、管理，还是使用、销号，都有其特殊性，是动态变化的过程。要在设定标准、条件、流程过程中，强化从检察大数据中主动抓取检察侦查案件线索的数字功能，并在机动侦查线索数字模块中实现机动侦查案件线索的自动分类与管理，实现机动侦查案件线索进、出口的数字链接，确保机动侦查案件线索库真正成为开展立案侦查活动的蓄水池。

二要建立机动侦查线索的数字化研判机制。线索的价值在于是否有立案审查的意义，线索管理的意义也就是让静态的线索变成看得见的案件形态，这就需要对重点线索实行专门化数字研判。应当看到，数字检察使得"四大检察"建立自身的数字化应用平台和专业化数字团队，而机动侦查案件线索寓于检察机关开展法律监督工作的各个方面，与刑事、民事、行政和公益诉讼检察息息相关，在数字赋能上应当同频共振。建立以设区的市级人民检察院为主体的跨职能的协同性的数字化研判机制，能够使机动侦查的线索置于加强法律监督工作的整体之中，形成与各项法律监督工作更紧密的业务关系，能够在数据碰撞、线索贯通、优势互补、职能融合上形成强大的内生性合力，对机动侦查的线索剖析、定性、量化乃至指引立案审查的重点与方法等，具有全方位、穿透性的功效。这是数字赋能机动侦查工作、实现侦查动能转变的重要一环，是检察侦查工作现代化的必由之路。

三要建立省级检察机关对机动侦查线索的数字化统筹体系。机动侦查线索的数据库、线索库由设区的市级人民检察院建立，并实施管理、研判，不等于线索经管理、研判、经营就可以各行其是。从几年来初步的实践看，对于为数不多的机动侦查办案应当全过程体现检察一体化原则，省级人民检察院有责任和条件建立全省范围内的数据库、线索库，充分利用省级层面数字检察的优势与成果指导、督促下级人民检察院加强对机动侦查线索的高质效管理、研判、经营。对重大复杂疑难的机动侦查线索，可以提级由省级人民检察院组织数字专家团队进行研判、处理，确保任何一起有价值的线索都能转化为实实在在的立案侦查活动，实现优质线索对案件贡献的最大化价值目标。

第五章　立案审查

第一节　立案审查概述

一、立案审查的法律规定及概念

《刑事诉讼法》第一百一十二条规定，"人民法院、人民检察院或者公安机关对于报案、控告、举报和自首的材料，应当按照管辖范围，迅速进行审查，认为有犯罪事实需要追究刑事责任的时候，应当立案"。这是检察机关对职务犯罪案件线索进行立案审查的主要法律依据。

立案审查其实就是在 2018 年监察法制定和刑事诉讼法作出重大修改之前检察机关职务犯罪侦查工作中的"初查"。对于"初查"，虽然在法律上并没有作过专门的规定，不是检察侦查的法定程序和立案侦查的前提条件，但是，在检察机关长期的职务犯罪侦查活动中，其恰恰是侦查办案的一个基础性的办案程序，决定着对调查核实的线索是否决定立案侦查。从检察机关职务犯罪侦查的实践看，为了减轻立案风险、确保侦查活动顺利进行，甚至把初查放到职务犯罪案件侦查的重中之重的位置。① 2012 年，最高人民检察院专门通过的《人民检察院直接受理侦查案件初查工作规定（试行）》第二条将初查的概念修改为，人民检察院对直接受理侦查案件线索在立案前进行审查和初步调查的司法活动。也即初

---

① 1996 年刑事诉讼法作出重大修改，对讯问犯罪嫌疑人作出每次不得超过十二小时、不得以连续传唤的方式变相限制犯罪嫌疑人人身自由的严格规定。为适应法律的重大变化，检察机关对职务犯罪案件立案侦查中，进一步强调"秘密初查、以智取胜"的"八字"方针。前者指的就是立案之前的审查、调查工作，强调要秘密进行，目的是通过秘密开展初查工作尽可能获得更多的证实被查对象构成职务犯罪的证据；而后者强调的是立案之后对犯罪嫌疑人的讯问运用证据、破解心理要有智谋，形成客观决定主观、主观反映客观的主客观互动共进的侦查思维和侦查方式。

查的检察机关对属于自己管辖的侦查案件线索进行立案前的专门性的审查、调查工作。同年《人民检察院刑事诉讼规则（试行）》明确了初查的程序和要求。初查并非法定概念，本质上指对线索进行必要的调查核实，是侦查机关依法处置案件线索的一种带有共性的办案方式；同时，也是在检察机关贪污贿赂、渎职侵权等职务犯罪案件侦查职能整体转隶之后，出于防止把初查手段变相成为侦查措施，检察侦查工作中逐步淡化初查概念。最高人民检察院 2019 年《人民检察院刑事诉讼规则》第八章第一节以"立案审查"替代了之前的初查，从而规范了检察机关对直接受理案件的线索立案审查程序，突出了"调查核实成为立案审查阶段采取的措施和手段"[①]。

通常认为，立案审查是指人民检察院对于自行发现的案件线索材料或者报案、控告、举报和自首材料进行审查，确定是否有犯罪事实并需要追究刑事责任。[②] 立案审查，不仅包括对案件线索材料本身进行书面审查，还包括对案件线索材料所反映的事实进行必要的调查，以确定是否符合立案条件，作出立案或者不予立案的决定。由此可见，立案审查是检察机关对标立案条件，对于属于自己管辖的有价值的侦查案件线索开展调查核实工作的专门性司法活动，决定了线索是否能向案件转化，一定意义上讲是开启侦查工作大门的一把钥匙。对于机动侦查案件线索而言，立案审查更有着特殊的功能。

二、立案审查的双重模式

我国刑事诉讼法学界对侦查模式通常概括为"由事到人"和"由人到事"两种模式。公安机关立案侦查的刑事案件的侦查活动是"由事到人"的模式，意指公安机关管辖的刑事案件大多有显性的犯罪后果发

---

① 参见侯亚辉：《从初查到调查核实：立案审查工作机制的完善》，载《检察日报》2020 年 2 月 9 日，第 3 版。

② 参见杨春雷、万春主编：《司法工作人员职务犯罪侦查业务》，中国检察出版社 2021 年版，第 42 页。

生，侦查工作是从有犯罪结果这个"事"出发而向着锁定犯罪嫌疑人这个"人"的目的而去，完成了从事到人的转换。正是从这样的逻辑出发，诉讼法学界普遍认为，公安机关"由事到人"的侦查模式决定了侦查活动有着"由证到供"的内在规律，也即公安机关通过依法广泛收集证据决定侦查方向、锁定侦查目标，最终揭露、证实是谁实施了犯罪、犯了什么罪等。可见，"由事到人"的模式决定着，锁定犯罪嫌疑人要依靠证据，证实犯罪嫌疑人有罪更要依靠证据，而这些证据主要是侦查机关依法运用专门的调查手段获得的。证据的类型尽管多种多样，但总体上是以客观性的证据构成的证据体系。

对于检察机关的职务犯罪侦查工作，诉讼法学界认为是其一种"由人到事"的侦查模式，也就是指，职务犯罪案件的线索首先指向的是特定的国家工作人员，反映该国家工作人员存在职务犯罪嫌疑，至于是否存在线索反映的职务犯罪，则需要通过广泛收集证据予以揭露和证实。由此，检察机关对职务犯罪案件的侦查实行的是"由人到事"的侦查模式，"由供到证"的侦查流程似乎有着内在的合理性。这意味着，在检察机关职务犯罪侦查活动中，应当坚持一手抓调查收集证据、一手抓讯问突破口供，甚至把犯罪嫌疑人的有罪供述视为"证据之王"，把讯问放到整个职务犯罪侦查工作极其突出重要的位置，由此助长了对职务犯罪侦查工作以审讯为中心的封闭式、阵地式侦查思维和侦查方式。

我们认为，这两种侦查模式是理论界强调的有所侧重的相对概括，对侦查工作有一定的指导意义，而没有决定性的作用。无论任何案件、实施任何审查模式，证据始终是起决定性作用的。对于任何线索，必须把调查核实工作放到最重要的位置，这是侦查工作查清事实、查明真相的唯一方法。机动侦查案件，一方面作为刑事犯罪案件，有公安机关管辖的刑事犯罪案件"由人到事""由证到供"的成分；另一方面作为职务犯罪案件，有检察机关管辖的职务犯罪案件"由人到事""由供到证"的基因，应当说是两种侦查模式的高度融合。对检察机关开展机动侦查案件线索的立案审查工作而言，就是要把"两种模式"融合贯通，坚持物证与人证的有机统一，在着力收集客观性证据的同时，为获取主观性证据创造良好的条件。

第二节　立案审查的程序规则

一、明确立案审查的主体

根据《人民检察院刑事诉讼规则》的规定，机动侦查案件立案审查的主体是"认为属于本院管辖，需要进一步调查核实"的检察机关。根据该规则的规定，机动侦查案件经省级以上人民检察院决定由设区的市级检察机关立案侦查。这意味着，从司法解释的层面看，对机动侦查的案件线索，开展立案审查的检察机关至少是有最低立案管辖权的设区的市级人民检察院。基层检察机关对机动侦查案件没有管辖权，并不是严格意义上的立案审查主体。

笔者认为，立案侦查的主体与立案审查的主体虽然具有高度的关联性，但是并不是同一概念。立案主体肯定是立案审查主体，而立案审查主体不一定是立案侦查主体，其比立案侦查主体宽泛。根据刑事诉讼立法精神和检察一体化原则，在司法解释规定由设区的市级人民检察院作为立案侦查主体的情况下，并不影响所辖的基层检察机关以共同的立案审查主体参与立案审查活动，或者按照上级检察机关的部署承担起部分的立案审查任务。司法实践中，机动侦查的案件线索主要在基层检察机关履行法律监督职能中发现，并与办理的相关案件存在内在的关联性，因此，最初对线索的审查主要是由基层检察机关完成的；在设区的市级人民检察院认为线索有成案价值应当开展立案审查之后，基层检察机关在立案审查中仍然发挥着履行职能、沟通协调、方便调查的明显优势。笔者认为，肯定基层检察机关对机动侦查案件线索有一定程度的立案审查职责，不仅有利于夯实立案审查的基础，也为提高机动侦查案件办理质效打下良好基础；更重要的是能够充分调动基层检察机关在激活机动侦查权、投身机动侦查办案活动的主人翁积极性，使机动侦查办案始终遵循检察一体化原则，上下同欲、落地生根。

根据《人民检察院刑事诉讼规则》第一百六十七条的规定，上级人民检察院在必要时，可以根据下级人民检察院的提请或依职权决定对下级人民检察院直接受理侦查案件的重大、复杂线索直接开展调查核实或者组织、指挥、参与下级人民检察院的调查核实工作，也可以在辖区范围内通过指定、交办的方式由下级人民检察院开展对线索的调查核实工作。这种在法律规定范围内检察机关立案审查工作职责的调整，是特殊情况。对机动侦查案件而言，设区的市级人民检察院是立案审查法定的基本主体。设区的市级人民检察院要切实承担起立案审查的主体责任，尤其是要充分调动发现、报告线索的属地基层检察机关积极参与、配合对线索的调查核实工作，必要时甚至可以指定属地基层检察机关独立开展对线索的调查核实工作，确保对每一个有案件价值的线索都进行认真负责、及时细致的立案审查工作。对重大线索的立案审查工作，设区的市级人民检察院要统筹，并做好及时向省级人民检察院报告的工作。

二、制定立案审查计划

设区的市级人民检察院检察侦查部门应当对有成案价值的线索制定立案审查计划。立案审查虽然不是机动侦查案件办案的必经程序，但是对确定被查线索是否符合立案条件有着决定性作用，从某种意义上讲，决定着机动侦查案件的成败得失。依法办理机动侦查案件，应当把立案审查作为极其重要、严肃的一环，把制定立案审查计划置于重要的位置。

如何制定立案审查计划，没有固定的模式。从立案审查服务于立案这个根本的目的考虑，实践中，立案审查计划主要包括：第一，线索形式要素。即线索从何而来、载体是什么，所反映的涉嫌国家机关工作人员利用职权实施的重大犯罪案件的具体对象、事实、证据，以及与相关案件的关联度。第二，对线索内容的法律分析。主要分析涉嫌犯罪的主体身份是否为国家机关工作人员，犯罪的客观行为是否为利用职权，以及是否存在犯罪事实和是否为重大犯罪案件等；明确排除犯罪情节显著轻微、已经超过追诉时效等非罪化的线索，以及线索有管辖权冲突的解决办法，以确定对线索开展立案审查的合理性。第三，检察机关对该机动侦查的案件线索是否开展过立案监督或者其他法律监督工作，这些法律监督的手段和程序是否已经穷尽以及监督效果问题。第四，论证由检察机关启动机动侦查权立案审查的事实与理由，强调适用机动侦查立案侦查程序的合法性、正当性。第五，围绕立案条件，明确对线索开展调查的重点、焦点，特别是要解决可能引起争议的罪与非罪、此罪与彼罪、重罪与轻罪、一罪与数罪等问题。第六，根据调查事项，确定调查的时机、方式、地点、进度和所要达到的目的。第七，组建立案审查的办案组织，明确职责分工、规范要求，必要时经检察长批准，可以组建由设区的市级人民检察院检察侦查部门员额检察官牵头的跨部门、跨所辖区基层检察机关的复合性办案组织，发挥职能、人才、专业、办案优势。第八，制作立案审查报告。同时，立案审查计划还应当包括保密等办案纪律。

三、报批立案审查计划

制定立案审查计划是机动侦查案件立案侦查的前奏，也是整个侦查活动的先导。如果经过立案审查，对被调查的线索应当立案侦查，则立案审查计划对于今后立案侦查计划的制定与实施有重要的指引作用。这是检察机关依法充分行使机动侦查权、确保高质效办理机动侦查案件的重要基础。对于机动侦查案件，制定立案审查计划要严肃，批准立案审查计划要严格。

《人民检察院组织法》第三十三条第一款规定："检察官可以就重大案件和其他重大问题，提请检察长决定。检察长可以根据案件情况，提交检察委员会讨论决定。"《人民检察院刑事诉讼规则》第一百六十六条第二款也规定："负责侦查的部门对案件线索进行审查后，认为属于本院管辖，需要进一步调查核实的，应当报检察长决定。"对机动侦查案件线索的立案审查应当属于"重大案件"或者"其他重大问题"，承办部门员额检察官或者办案组应当将拟定的立案审查计划提交检察侦查部门进行讨论完善，经分管检察侦查的院领导同意后书面报检察长决定。[①] 由于立案审查计划属于办案机密，一般无须经检察委员会讨论决定，经检察长批准后立案审查计划就应当立即付诸实施。

第三节　立案审查的开展

经检察长批准之后，立案审查计划就是有管辖权的检察机关开展立案审查的依据，应当得到不折不扣的执行，非出现特别情况并报告检察长批准，不得任意改变计划、中断审查。这是检察机关重要的侦查纪律。

立案审查实质就是对线索开展全面深入的调查核实，执行立案审查计划要紧紧抓住调查核实这条主线、这个"牛鼻子"。

一、立案审查的主要内容

立案审查的主要任务是通过收集必要的证据、材料、信息和数据，确定线索是否真实，最终确定线索所反映的问题是否为犯罪事实并需要追究刑事责任。所以，立案审查的目的性非常明确，即是否可以立案侦查。

对机动侦查案件线索的立案审查，既有检察侦查案件的共性，也有机动侦查案件的个性，应当坚持普遍性与特殊性相结合、原则性与灵活性相结合。

（一）被调查人的详细身份情况

（1）被调查人必须是确定的某国家机关的工作人员，包括其职务、

---

① 立案审查计划是检察机关层级比较高的涉密文件，不进入统一案件管理系统管理，无论立案审查的最终结果如何，对立案审查计划以及报告都归档检察机关侦查类案件内卷长期保密管理，非经严格批准，任何组织、个人不得查阅、公开。

职权、职责范围以及政治身份、是否在位以及日常工作关系等;(2)被调查人的性别、年龄、籍贯、民族、住址、文化程度,主要经历、个性特点、志趣爱好、生活习惯、社会交往等;(3)被调查人的家庭情况,包括父母、配偶、子女等直系亲属就业、就学、就医情况,家庭住房、经济条件、夫妻关系、社会活动等情况。除此之外,要特别掌握被调查人是否存在长期被人举报、控告的情况,有无因违纪违法甚至犯罪被处理的情况,是否为失信被执行人员、是否隐瞒应报告的重大事项、是否有相关舆情等情况。[①] 对被调查对象相关身份情况的调查核实应当做到应调尽调。

(二)涉嫌的犯罪事实情况

对于机动侦查案件而言,调查核实要紧紧围绕涉嫌的犯罪构成要件有目的性地进行。除了必须明确是国家机关工作人员这一特殊主体身份外,必须查清犯罪的结果有没有发生。这是机动侦查案件的重大特点,因为机动侦查的案件是一种刑事犯罪,一般是已经发生有社会危害性结果的刑事犯罪。只有经过调查核实,有充分的证据证明有犯罪结果的发生,才可能进入立案决策程序。经过调查核实,没有犯罪结果或者犯罪结果不确定,适用机动侦查权就失去了前提。还需要指出的是,机动侦查的案件是刑事犯罪案件,不涉及监察机关管辖的职务犯罪案件,也不同于检察机关依法可以管辖的司法工作人员相关职务犯罪案件,调查核实的犯罪事实有法律的限制性要求。当然,由于犯罪的复杂性、多样性,立案审查中对于犯罪事实的调查不能机械,要围绕重点开展关联性调查核实,在立案决策时作出严格甄别,不属于检察机关管辖的案件线索依法依规定移送有管辖权的机关处理。

---

① 实践中,立案审查阶段细致了解被调查对象,对准确分析瓦解犯罪心理、有效开展调查讯问都有十分重要意义,如掌握被调查对象有吸毒、赌博、醉驾、嫖娼、性病、包养情人、异常离婚等情况,极有利于精准判断其犯罪人格、异常心理,为提高调查核实的质效指引可靠方向,也为立案后的高效讯问提供具有杀伤力的"炮弹"。

（三）涉嫌的犯罪应当是"重大犯罪案件"的情况

这是对机动侦查案件线索开展调查核实的又一个重要方向，指的是调查核实不仅需要查明已经发生了犯罪事实，而且必须是"重大犯罪案件"的事实。如前所述，目前法律和司法解释对什么是"重大犯罪案件"虽然没有作出明确的规定，但是，"重大犯罪案件"应当是"重罪名""罪行重"的刑事犯罪案件，存在犯罪后果严重、犯罪情节恶劣、社会影响极坏的共性特征。如果是过失犯罪，最高刑为三年以下有期徒刑的犯罪，以及法律规定的不作犯罪论处、超过追诉时效的案件，就不应当认为是"重大犯罪案件"。对什么是"重大犯罪案件"，检察机关应当在调查核实后综合法律规定、案件事实等因素作出判断。必要时，应当深入案发地了解案件背景情况、与法律专家深入交流，慎重作出案件是否重大的结论。[①] 省级人民检察院应当加强对是否属于重大犯罪案件的指导、把关。

（四）利用职权实施犯罪的情况

这是调查核实的关键所在。在满足前三种情况时，如果"重大犯罪案件"不是国家机关工作人员利用职权实施的，那么就是国家机关工作人员作为一般主体实施的普通刑事犯罪，这类犯罪不属于法律规定的检察机关适用机动侦查权的案件范围。调查核实国家机关工作人员"利用职权实施的重大犯罪"，就是强调查明犯罪的客观行为究竟与职权有没有内在的关联，解决"利用职权实施犯罪"与"重大犯罪案件"的后果之间法律上的因果关系。当然，犯罪的行为与结果之间可能是多因一果关系，这就需要通过调查核实确定"利用职权实施"的行为在整个犯罪行为体系中

---

① 随着检察机关对机动侦查工作的重视，对法律规定界限并不清晰的"重大犯罪案件"存在扩大理解和适用的问题，如招投标工作人员参与串标犯罪，法院执行人员参与执行标的物的违法拍卖行为，数名城管执法人员多次索要商贩鸡鸭等，这些犯罪案件罪名不重、罪行不重，在算不算"重大犯罪案件"上肯定有争议，迫切需要在法律、司法解释层面加以明确。

的地位与作用。笔者认为，鉴于国家机关工作人员身份和职位的特殊性，只要查明国家机关工作人员利用职权实施了多因一果的重大犯罪活动，就应当认定符合法律规定的机动侦查的案件范畴。

二、立案审查的原则

立案审查虽然不是严格意义上的侦查活动，缺乏法律规定的强制性的专门的调查手段和方法，但是，立案审查的确是检察机关办理机动侦查案件不可或缺的程序，立案审查过程中依法获取的证据具有证据效力，对立案侦查有着决定性作用，对案件的实体和程序有着内在影响。坚持立案审查相关原则，依法开展立案审查工作，是检察机关高质效办理机动侦查案件的重要基础。

（一）坚持不接触被调查对象的原则

我国检察机关在长期的职务犯罪侦查实践中，对初查即立案审查坚持以不接触被调查对象为原则。2012年《人民检察院刑事诉讼规则（试行）》第一百七十二条规定："初查一般应当秘密进行，不得擅自接触初查对象。公开进行初查或者接触初查对象，应当经检察长批准。"2019年修改后的《人民检察院刑事诉讼规则》第一百六十八条规定："调查核实一般不得接触被调查对象。必须接触被调查对象的，应当经检察长批准。"这主要考虑到检察机关职务犯罪侦查工作的特殊性、敏感性和不确定性，如果在立案审查阶段就随意接触被调查对象，必然会增强被调查对象的反侦查意识，实施销毁证据、转移赃物、订立攻守同盟、打击报复举报人等逃避法律制裁的反侦查活动，还会给被调查对象、所在单位带来负面社会影响，甚至出现被调查对象潜逃、自残、自杀等严重的办案安全事故。这必然增加检察机关的办案风险和压力，不符合检察侦查的属性和规律，不利于尊重和保护人权。机动侦查案件既涉及国家机关工作人员利用职权实施的重大犯罪，又涉及对公安机关执行管辖制度、立案侦查制度和有关国家机关在公务管理、队伍建设中的法律监督，立案审查中更应当严格坚持不接触被调查对象的原则。实践中，少数机动侦查案件是在监察机关、公安机关、检察机关立案侦查其他案件中发现的线索，涉案的有关国家机关工作人员已经被监察、执法、司法机关采取了留置、拘留、逮捕等法律措施，这是不接触被查对象原则的例外。即使如此，在案件还未进入检察机关立案侦查阶段，检察官在接触被查对象时也应当讲究策略和方法，可以提前介入其他机关办案活动，具体方式一般是通过查阅案卷材料、参与案情会商，特别是通过现场监控观察办案人员与被查对象谈话、向被查对象询问活动。即使如此，非必要并经严格批准，检察官也不直接参与同被查对象的谈话，也不在相关案件材料上签字、捺印。

（二）坚持秘密调查的原则

秘密初查是检察机关查处职务犯罪案件长期坚持的重大原则。[①] 不接触被调查对象，是坚持秘密调查原则的核心要求，同时，立案审查中强化秘密调查有着更丰富的内容。它是指检察机关开展立案审查过程中，尽可能在不暴露身份、手段和意图的情况下开展调查核实工作。对于机动侦查案件而言，坚持秘密调查的原则更重要的是不暴露调查的真实意图。鉴于机动侦查的案件线索大多数来自检察机关履行法律监督职能过程中，线索的形成有一个相对开放的环境、条件，因而，坚持秘密调查原则主要在于隐蔽调查的真实意图：一是可以从刑事、民事、行政、公益诉讼检察监督的角度开展对相关机动侦查案件犯罪事实的调查核实；二是可以以其他执法、司法机关的名义或者会商监察机关开展调查核实工作；三是在无法隐蔽意图的情况下，可以通过被调查对象所在单位的纪律、组织部门，以打草惊蛇的方式获取被调查对象实施反侦查活动形成的再生证据。在极个别情况下，经过严格批准，启用特勤、耳目也是

---

① 1996 年最高人民检察院《关于检察机关侦查工作贯彻刑诉法若干问题的意见》（已失效）就规定："要秘密初查。做到线索交办和批准审查保密，初查对象保密；初查内容与意图保密……"

秘密开展调查取证的有效方式。

（三）坚持非强制性调查原则

立案审查除了不能对被调查对象采取任何限制或者非限制人身自由的强制措施外，还不得对被调查对象限制出境，不得查封、冻结、扣押被调查对象的财物，不得实行技术侦查，即法律规定的具有侦查属性的强制性的调查核实方式都不能在立案审查中使用。特别要强调证人自愿作证的规则。对证人作证问题，《刑事诉讼法》第五十四条规定"人民法院、人民检察院和公安机关有权向有关单位和个人收集、调取证据。有关单位和个人应当如实提供证据"，"凡是伪造证据、隐匿证据或者毁灭证据的，无论属于何方，必须受法律追究"，即任何单位和个人都有向司法机关提供证据的义务。同时，《刑事诉讼法》第五十二条也规定，审判人员、检察人员、侦查人员"必须保证一切与案件有关或者了解案情的公民，有客观地充分地提供证据的条件，除特殊情况外，可以吸收他们协助调查"。其要义在于充分尊重证人作证自由的人身权利、人格尊严，严格执行非法证据排除规则，不得对证人强迫取证、暴力取证，办案机关还应当为证人提供证据创造良好条件。更为重要的是，要把证人作为侦查办案的依靠力量，除了涉及国家机密、商业秘密、个人隐私等特殊情况，侦查机关可以吸收证人协助调查，如协助追逃追赃，提供物证、书证的隐藏地，对采集、固定、使用视听资料、电子数据给予技术帮助等。对于机动侦查案件的立案审查，由于检察机关的侦查技术、力量难以适应，因而更加要求创造一切让证人自愿作证的有利条件，依靠证人了解案情、谙悉专业的优势提高调查取证的质效，使证人证言的证据形态更多地以证人自愿书写、以科技手段多元展示的方式呈现。

三、立案审查的方法

立案审查的主线就是调查核实。这是检察机关不带有法律强制性的开放、多样、专业、规范的调查核实方式，所收集的证据具有法定的证据效力。机动侦查案件既是重大刑事犯罪案件，又是国家机关工作人员利用职权实施的职务犯罪案件，立案审查更具广泛性、复杂性、多样性。从实践看，在系统梳理、固定线索反映的案件事实、证据的基础上，立案审查阶段，检察机关可以采取调卷、查询、询问、勘验、检查、鉴定等多种调查核实方式，并在数字化条件下探索更多的非接触性调查核实方式。

（一）调取、收集相关证据材料

这是机动侦查案件立案审查基础性的调查核实方式。关于线索反映的国家机关工作人员身份与职权，检察机关应当向组织、人事、主管部门调阅档案、查阅任职文件加以确定；如果被调查对象是人大及其常委会任免的国家机关工作人员，还应当查阅权力机关的人事任命文件。实践中，为了不惊动被调查对象，还可以通过部门、行业通信联系系统、社会保障系统、住房管理系统等掌握被查国家机关工作人员的相关工作岗位、履职情况。如果反映的"重大犯罪案件"与正在办理的相关案件存在关联，就应当调取或者审阅相关案件案卷，收集与被调查对象相关联的案件事实、证据材料。经过批准，对与被调查对象有关的银行账户、存款汇款、微信收付、邮件快递、通信记录等进行查询，获取相关资讯材料；必要时，依法定程序，可以调取、检查与被调查事项有直接关联的有关国家机关的财务账册、管理制度、工作规程等，对有关物证、书证、数据、痕迹进行专家鉴定。[①] 各种调查手段相互交织，应当因案施策、相互补充补强。

（二）询问、咨询相关人员

机动侦查的案件大多是犯罪后果已经暴露或者存在有犯罪后果的重大嫌疑，因此，立案审查过程中，走访、询问既是深入了解案件背景的过程，也是面对面开展调查研究的过程，对巩固证据、丰富证据、指引

---

① 参见陈国庆主编：《司法工作人员职务犯罪侦查与认定》，中国检察出版社 2019 年版，第 29 页。

调查取证有着重要意义。

一是要秘密接触举报人。机动侦查的案件能够提供有价值线索、知道真相的大多是内部人员、利害关联人员。如果是署名举报的线索或者能够通过分析研判确定匿名举报人的真实身份，办案人员就要坚持教育与奖励相结合，想方设法接近举报人、取得举报人的信任，通过秘密接触举报人了解更多更真实更深刻的案情、背景以及其他关联的人和事。这是立案审查中最能切中要害的调查核实方法，既能形成直接证据以查明真相，也能明确调查核实的针对方向，提高立案审查的质效。这对办案人员的职业素养、社会经验、说服艺术和时机把握能力等有较高的要求。

二是最恰当地向证人调查取证。刑事诉讼法专设一节对"询问证人"作了详细规定，明确规定了询问证人的地点、方式、要求和笔录的制作等，总体讲就是在向证人调查取证时，在地点、时间、方式上要充分尊重证人的意见。机动侦查案件涉及对公安机关立案侦查活动的监督，又与被调查对象的有关国家机关利益相关，检察机关办案有压力，对案件知情的相关证人更有顾虑。检察机关在向证人调查取证时，一定要坚持"询问证人应当个别进行"和"自愿作证"的法律规定，从有效打消证人后顾之忧的立场上把握适当的时间、地点和方式，事先做好调查取证计划，尽量保证一次性取证到位。除了制作规范的证人调查笔录外，证人有书写能力的，应动员证人亲笔书写证人证言。征得证人同意后，可以对调查取证进行同步录音录像。如果案件中已经有明确的被害人，检察机关应当参照向证人调查取证的方法，询问被害人，获取或指引获取更多原始性、直接性证据。向证人、被害人的调查取证工作要依法、规范、文明、平和进行，严格落实安全、保密和保护措施。

三是咨询相关人员。机动侦查的案件专业性强、原因复杂，检察机关开展立案审查需要从全局上、专业上把握调查核实的方式、方法。检察机关应当主动与公安机关进行沟通，全面了解公安机关不能、不便、不想立案的原因。通过与组织学、管理学专家的讨论，就不同国家机关工作人员利用职权的内涵、形式进行科学界定，准确把握机动侦查的案件定性；在检察机关内部建立检察侦查与其他业务部门、检察专家的会商机制，通过讨论交流，进一步明确事实认定、定性处理、审查重点、调查方向。

（三）数字赋能条件下立案审查方式的迭代升级[①]

检察机关开展立案审查更需要强化数字化思维和方式，提高非接触性调查核实工作的质效，增强立案审查的针对性与保密性。如前所述，检察机关有自己的数字检察中心，汇集了公共数据、执法司法贯通共享的数据，以及检察机关开展法律监督过程中形成的法律监督和相关联的数据。这些海量数据在动态情况下不断更新、丰富、扩大，是检察机关开展立案审查不竭的数据源泉。同时，检察机关建立了检察侦查的信息库、数据库、线索库，着手建设机动侦查案件专项数据库、线索库，使侦查数据、线索在科学归类上更加集成、集约，对调查核实工作锁定目标、明确方向有着精准导航作用，使得对机动侦查案件线索的数字化立案审查成为必要和可能。从近年来越来越强化数字赋能检察侦查的实践看，线索本身就是数据集成体，有众多锁定性、案件化的数据链、证据链，所以，对基础的、特定的事项，检察机关的立案审查可以以非接触性的调查核实的方式完成，如被调查对象的身份信息、履职信息、家庭信息，以及住房、车辆、住宿、出行、出境等事项；相关国家机关性质、组织、职权、管辖范围、管理运行、制度规范等事项；被查对象利用职权实施重大犯罪案件的舆情以及相关联案件的信息；检察机关对可能适用机动侦查权相关案件开展立案监督情况等。至于对线索已经反映的其他关联性事项，如被调查对象的性格特点、生活规律、社会交往、志趣喜好、与特定人员的关系等，也可以通过数字平台进行初步了解、描绘、

[①] 近年来，浙江等地检察机关高度重视数字化时代立案审查方式的创新，"检察机关都高度重视建立分类的法律监督工作信息库、法律监督案件数据池，线索源头活水的瓶颈已经开始打破，信息引导调查、数据定向调查已经储备了越来越丰富的物质、人才、体制和机制优势"，应当积极探索"非接触式的调查核实方式"。参见王祺国主编：《新时代检察侦查概论》，中国检察出版社 2023 年版，第 97—98 页。

分析、判断，为更加全面掌握犯罪嫌疑人的个性特点打下基础。检察机关在立案审查中应当以数字化思维开展调查核实，并高度重视不同的数字化调查核实方式的串联互通和成果集成，以规范的数据证据、技术证据形式加以固定，进而以准确的数据、证据指引开展调查核实工作，以立案审查的高质效服务保证、促进立案、侦查活动的高质效，全过程增强数字赋能检察侦查的能力和水平。

第六章　立　案

刑事诉讼中的立案是侦查机关依法履行管辖权的开始，是刑事诉讼程序的起点，对案件的实体和程序有着决定性的意义。检察机关适用机动侦查的案件，既必须充分遵守刑事诉讼法关于立案的法定条件，也必须严格执行刑事诉讼法对机动侦查立案的特别规定，确保立案成为高质效办理机动侦查案件的法定前提。

"大多数司法工作人员职务犯罪中的犯罪嫌疑人已经明显，侦查的目的主要是查明犯罪嫌疑人的有关犯罪事实……所以，一般采取以人立案的方式。"也有对少数"犯罪后果已经暴露，但犯罪嫌疑人并不太明确的案件"采用"以事到人"的立案模式。[1] 从近年来检察机关立案侦查司法工作人员相关职务犯罪案件实践看，实行的是"以人立案"为原则、"以事立案"为例外的立案侦查模式，即使极个别案件"以事立案"开展立案侦查，也要求在查明涉嫌犯罪的司法工作人员之后，及时转化为"以人立案"的侦查模式开展侦查工作。[2]

机动侦查的案件原本是公安机关管辖的刑事犯罪案件，检察机关适用机动侦查权在实体上、程序上有着极其严格的要求；而犯罪主体是国家机关工作人员既是法律的明确规定，也是案件的基础事实。从近年来检察机关对机动侦查案件立案侦查的实践看，还没有出现过犯罪嫌疑人不确定的案件。道理很简单，连犯罪主体都不明确，检察机关就要把公

---

[1] 参见杨春雷、万春主编：《司法工作人员职务犯罪侦查业务》，中国检察出版社2021年版，第64—65页。

[2] 从浙江省检察机关2018年到2022年立案侦查336件416人的司法工作人员相关职务犯罪案件中，以事立案的情况十分少，而且要求必须经过省人民检察院批准后。

安机关管辖的案件拿过来"以事立案"，必然有检察侦查权越位和滥用监督权的嫌疑，背离了检察侦查工作应当严格坚持的法治原则。所以，从理论上看，对机动侦查案件应当采取的是"以人立案"的模式。同时，笔者认为，侦查模式是为侦查服务的，对机动侦查案件也不能绝对排斥"以事立案"模式的适用。由于机动侦查的案件是国家机关工作人员利用职权实施的重大犯罪，案件复杂、形态各异，犯罪主体可能多元、关系复杂，特别是利用职权实施犯罪隐藏极深，出于慎重适用机动侦查权考虑，对个别虽然发现有犯罪事实且基本确定犯罪嫌疑人的案件，经过立案审查尚达不到犯罪嫌疑人与犯罪事实的排他性统一，有必要通过立案之后的专门性调查、侦查措施深入调查收集深层次的证据，采用"以事立案"的立案模式，有一定的必要性。只不过，采用"以事立案"应当经过省级人民检察院同意，并且应当要求在立案之后快速查实犯罪嫌疑人，再由省级人民检察院决定对确定的犯罪嫌疑人立案侦查。

第一节　立案的条件

在确定机动侦查案件的管辖范围之后，就必须严格把握机动侦查案件的法定立案条件。从法律规定看，立案条件就是两种：一是发现犯罪事实；二是发现犯罪嫌疑人。

一、正确认定刑事诉讼法的"发现"和"认为"

《刑事诉讼法》第一百零九条是从"发现犯罪事实或者犯罪嫌疑人"的角度规定立案条件的；而《刑事诉讼法》第一百一十二条是从"认为有犯罪事实需要追究刑事责任"的角度规定立案条件的。笔者认为，无论是"发现"还是"认为"，对立案条件的表述具有同质性和互补性，应当结合起来正确把握法定的立案条件。

"发现"是人们对事物内在的规律性、真实性的认识，是自我自觉性、创新性的能力。"发现"某个事物的共性必须有一定定量、定性的证据，而这些证据主要应当是客观性的，只有客观性的证据才能支持"发现"的成立。刑事诉讼法规定的"发现"指向的是犯罪事实或者犯罪嫌疑人，而不是一般意义上的社会界、自然界的"发现"。这需要有刑事诉讼价值的各种证据的支持，这些证据能够充分支持"发现"的犯罪事实或者犯罪嫌疑人。所以，"发现"更加侧重反映"犯罪事实或者犯罪嫌疑人"存在的客观性。

而"认为"是建立在立案审查基础上对"有犯罪事实需要追究刑事责任"的认定，前提同样是有比较充分证据证明存在犯罪事实，而绝对不是对存在的犯罪事实的凭空假定、主观臆断。这是一种侦查机关建立在客观基础上对于发生、存在的"犯罪事实"的确信，符合认识规律、诉讼规律。这里的犯罪事实应当包括犯罪嫌疑人。

需要指出的是，由于立案审查阶段法律措施、主观认识的局限性，无论是"发现"还是"认为"，证明犯罪事实或者犯罪嫌疑人的证据总归是有限的，对指向证明犯罪事实或者犯罪嫌疑人仅仅是一个合乎侦查逻辑的推定，必然存在不确定性的成分。也正因如此，从认识论的角度，我们对"发现"或者"认为"的把握，既不能拔高成为必然有犯罪事实或者犯罪嫌疑人的有罪结论，把立案条件混同于逮捕、起诉乃至定罪标准；也不能随意降低立案的证据条件和证明标准，把"发现""认为"理解为只是"可能"，以有罪推定思维滋长侦查权滥用，导致案件大立大撤，严重侵犯公民权利。[①]

检察机关的机动侦查权是极其特殊的法律监督权，仅在极个别案件中适用，因此在立案条件的把握上，无论是"发现犯罪事实或者犯罪嫌疑人"，还是"认为有犯罪事实需要追究刑事责任"，都应该趋严把握。也就是要对标"诉得出、判得了"来确保"立得住"。机动侦查案件的重

---

① 参见王祺国主编：《新时代检察侦查概论》，中国检察出版社2023年版，第105—106页。

大犯罪结果一般已经客观存在，有的还造成相关当事人信访、舆情；公安机关虽然存在不适合立案的情形，但是已经调查掌握了一定的证明存在"犯罪事实""需要追究刑事责任"的证据，更主要的是检察机关已经对机动侦查的案件事先开展了立案监督等法律监督工作，调查收集了大量证明案件、反映案情的证据材料。在这样的情况下，检察机关对机动侦查案件立案环节的"发现犯罪事实或者犯罪嫌疑人""认为有犯罪事实需要追究刑事责任"，应该是主客观相统一的科学严谨的侦查思维和诉讼逻辑，无论是"发现"还是"认为"，都是可以预见案件最终必然符合"诉得出""判得下"的诉讼预期。

二、正确认定"犯罪事实""犯罪嫌疑人"

立案的前提是有犯罪事实的发生或者有犯罪嫌疑人的存在。犯罪事实是指已经客观地发生了有刑事违法性和社会危害性的现象，这种现象不以人的意志为转移，在立案之前已经客观存在。从机动侦查案件立案角度看，对犯罪事实的认定，我们应当从这样几个方面把握：

一是涉嫌犯罪的事实，而不是其他任何意义上的违法违纪事实；是公安机关管辖的刑事犯罪案件的事实，而不是监察机关管辖的职务违法犯罪事实或者人民法院管辖的自诉案件事实。对于可能出现的犯罪与违法界限不清、此罪与彼罪界限不清等问题，应当综合案情、证据进行分析论证，不能明确认定的，应该排除机动侦查案件所指的犯罪事实。

二是已经有初步证据证明了的犯罪事实，而不是想象中的犯罪事实。也就是讲，立案条件中的犯罪事实是已经经过立案审查、收集证据初步证明了的犯罪事实，虽然有主观上判断、推测的意思，但一定是有一定证明力的证据证明的犯罪事实。[①] 如处于刑事羁押期间的犯罪嫌疑人被扣押的手机支付宝数万存款被盗用，经查询资金流水发现已经转入某办案

---

① 参见童建明、万春主编：《〈人民检察院刑事诉讼规则〉理解与适用》，中国检察出版社 2022 年版，第 103 页。

民警的个人账户，就初步证明该民警有涉嫌盗窃犯罪嫌疑人财物的"犯罪事实"。

三是需要被追究刑事责任的"犯罪事实"。这是两个既有内在联系，又有严格区别的刑事法律问题。刑法上的"犯罪事实"并不等于需要被追究刑事责任。根据罪刑法定原则，对法律明确规定可以不需要追究刑事责任的犯罪行为开展机动侦查，就失去了立案侦查的必要性。根据《刑法》第十三条和《刑事诉讼法》第十六条之规定，以下六种情形依法不追究刑事责任，已经追究的，应当撤销案件，或者不起诉，或者终止审理，或者宣告无罪：（1）情节显著轻微、危害不大，不认为是犯罪的；（2）犯罪已过追诉时效期限的；（3）经特赦令免除刑罚的；（4）依照刑法告诉才处理的犯罪，没有告诉或者撤回告诉的；（5）犯罪嫌疑人、被告人死亡的；（6）其他法律规定免予刑事责任的。司法实践中，在机动侦查案件的立案上，特别需要注意涉嫌的"重大犯罪案件"是否已经超过法律规定的追诉时效，特别是从"罪行重"角度把握的"重大犯罪案件"，比如被查对象涉嫌走私、盗窃、诈骗等犯罪案件，就特别需要在是否超过追诉时效上进行认真审查、甄别。

至于"发现有犯罪嫌疑人"是一种比较少见的特殊的犯罪事实。一般出现在犯罪嫌疑人投案自首，犯罪嫌疑人被亲属、现场群众扭送到侦查机关，有关单位主动押送犯罪嫌疑人坦白认罪等。这应当参照对"犯罪事实"的认定和处理的方法，确保严格符合机动侦查案件的立案条件。

三、正确处理共同犯罪问题

在立案条件把握上，需要特别注意的是要正确处理国家机关工作人员利用职权实施的重大犯罪案件中的共同犯罪问题。由于这类案件都是（直接）故意犯罪案件，从实践看，这类犯罪往往由国家机关工作人员利用职权与非国家机关工作人员内外勾连，涉嫌共同犯罪。如共同组织卖淫犯罪、走私犯罪、非法经营犯罪、串通招投标犯罪等。针对这种实际，检察机关对共同犯罪的处理要严格规范。如果公安机关立案侦查已经证实，非国家机关工作人员实施的相关犯罪与国家机关工作人员利用职权实施的重大犯罪系共同犯罪，依照"重罪"侦查优先原则，经公安机关移送，检察机关可以适用机动侦查权对共同犯罪立案侦查。需要指出的是，对非国家机关工作人员涉嫌的相关犯罪，不论公安机关是否依法立案侦查或作其他处理，检察机关都应当避免对非国家机关工作人员以机动侦查权先行立案的情况，而应当在坚持分工负责、各司其职基础上对相关涉案人员采取灵活多样的调查核实方式。在对国家机关工作人员利用职权实施重大犯罪案件立案侦查过程中，发现非国家机关工作人员明显构成共同犯罪的，也应当商请公安机关后决定是否并案侦查。

第二节　立案的程序

由于检察机关适用机动侦查权的案件属于公安机关管辖的案件范围，要把个案的管辖权转移由检察机关行使，在立案程序上有着极其严格的特殊的法定要求。这是检察机关对司法工作人员相关职务犯罪案件立案侦查程序所没有的。我们应当着重从三个方面把握机动侦查案件的立案程序。

一、认真评估"需要由人民检察院直接受理"的情形

这是《刑事诉讼法》第十九条第二款的明确规定，是检察机关履行机动侦查权合法性、正当性的前置条件。需要特别指出的是，及时性是侦查工作的内在要求，而法律对机动侦查案件的立案还规定了须经省级以上人民检察院决定的程序。为了提高机动侦查案件立案的质量和效率，增强机动侦查案件立案质效，遵循检察一体化原则，一般对机动侦查案件的立案实行三级会审制度，即由三级检察机关共同对立案的实体、程序条件集体把关，其中重点之一就是论证对公安机关管辖的案件"需要由人民检察院直接受理"的正当性、必要性和可行性。这样省域层面三

级联动的会商制度，既充分体现了检察机关以机动侦查权的方式加强对公安机关立案活动实行法律监督的谦抑性，有利于得到公安机关的理解和支持，又使机动侦查案件自立案环节起就得到上级检察机关的直接指导，有力确保了检察机关高质效办理机动侦查案件。[①]

实践中要注意的是，原则上不能把公安机关已经移送审查批准逮捕、移送起诉的国家机关工作人员利用职权实施的重大犯罪案件，以检察机关职权和程序的优势单方中断诉讼进程，转化为以机动侦查立案的案件。这并不符合需要由人民检察院直接受理的情形，也有违设立机动侦查制度的初衷，既不严肃，也不可取。

二、必须有设区的市级人民检察院制作的提请批准直接受理书

根据《人民检察院刑事诉讼规则》第十五条的规定，机动侦查案件应当层报省级人民检察院决定，省级人民检察院可以决定由设区的市级人民检察院立案侦查，也可以自行立案侦查。这就要求，在省级人民检察院对机动侦查案件决定立案之前，必然有一个下级检察机关层报省级人民检察院立案请示的问题，尤其是设区的市级人民检察院应当向省级人民检察院报送"提请批准直接受理书"。

当前，检察机关还没有全国规范统一的提请批准直接受理书。司法实践中，一些办案较多的省级人民检察院对此作了规范，要求提请批准直接受理书的主要内容包括案件事实、需要由人民检察院直接侦查的理由和依据，并附上相关材料等。

笔者认为，机动侦查案件的提请批准直接受理书是十分重要的法律文书，事关省级以上人民检察院依法审查决定是否对请示的案件启动机

[①] 浙江省人民检察院专门制定了检察侦查办案运用检察一体化的工作意见，对每个机动侦查案件从线索开始到立案侦查都实行省级统筹下的一体化办案机制，尤其是对容易发生争议的"需要由人民检察院直接受理"的情形，自下而上进行专门充分的论证。几年来，检察机关适用机动侦查权得到公安机关的普遍认同、配合和支持。

动侦查的立案程序，应在全国范围内作出统一规范。提请批准直接受理书应包括：（1）明确案件线索的来源，包括检察机关在履行法律监督职能中发现，接受群众控告、申诉、举报，有关执法、司法、监察机关依规定移送，犯罪嫌疑人投案自首等；（2）开展立案审查的情况；（3）案件基本事实和证据；（4）案件定性分析；（5）检察机关适用机动侦查权的理由；（6）承办检察官意见、检察长或者检察委员会意见。最后，加盖提请批准直接受理书制作的设区的市级人民检察院的院印，附上侦查方案等。①

考虑到机动侦查工作的保密性、敏感性和及时性，对设区的市级人民检察院制作提请批准直接受理书，通常经过检察侦查部门→分管院领导→检察长批准的流程即可完成；特别重大复杂疑难的案件，也可以提请本院检察委员会集体讨论决定。同时，对案件定性可能出现的争议，事先应当与刑事、民事、行政检察等部门进行专业会商、形成统一意见；对管辖上可能出现的异议，做好与监察机关、公安机关的充分沟通，确保向省级人民检察院报送提请批准直接受理书程序畅通、效果良好。

三、必须经省级以上人民检察院决定

这是机动侦查案件决定性的法定程序，只有经省级以上人民检察院决定，检察机关才可以对公安机关管辖的国家机关工作人员利用职权实施的重大犯罪案件立案侦查。这是法律对各种检察侦查权唯一的必须经省级以上人民检察院决定才能立案的特别规定，表明了法律对检察机关机动侦查权的运行有极其严格的要求，这有利于防止人民检察院任意扩大直接受理立案侦查案件的范围。侦查方案是比立案审查更聚焦涉嫌相关犯罪调查核实的重要办案规划，既是对立案审查成效的肯定，也是对立案侦查活动的指引，是立案决定的不可缺少的重要依据。机动侦查案

---

① 参见王祺国主编：《新时代检察侦查概论》，中国检察出版社 2023 年版，第112—113 页。

件的侦查方案，实践中主要由四个方面构成：（1）对立案审查的综合分析，包括主要成效和问题；（2）明确侦查的目的与重点、难点、疑点，强调侦查的重心和针对性；（3）侦查的步骤与方法，包括侦查的时机、谋略、措施、手段；（4）侦查活动的组织、分工、安全、保障、纪律等。[①]可见，对机动侦查案件从立案开始就强化了检察一体化运行模式，决定立案的省级以上人民检察院和实施立案的设区的市级人民检察院都是检察机关依法履行机动侦查权的主体。当然，从近年来机动侦查权履行的实践看，尚无最高人民检察院决定立案的案件，省级人民检察院与设区的市级人民检察院实际上成为依法履行机动侦查权的命运共同体。

当前，法律和司法解释并没有规定省级以上人民检察院对设区的市级人民检察院提请批准直接受理书、决定以机动侦查权案件立案的流程，实践中也没有将这样的决定程序纳入案件管理系统。比较常见的方式是，经省级人民检察院检察侦查部门对设区的市级人民检察院提请的批准直接受理报告进行审查提出明确意见后，通过分管检察侦查工作的领导提请检察长或者由检察长提请检察委员会决定。由于侦查的及时性和机动侦查案件的特殊性，实践中除了少数案件由检察长作出立案决定外，大多数情况下，是由分管检察侦查工作的院领导在职权范围内代表省级人民检察院作出的立案决定。但总体上，省级人民检察院决定机动侦查立案的程序还不够规范、严谨。[②]

笔者认为，省级以上人民检察院的决定是关系机动侦查权是否能够

---

① 参见童建明、万春主编：《〈人民检察院刑事诉讼规则〉理解与适用》，中国检察出版社2020年版，第20页。

② 到2023年6月，笔者在分管浙江省检察侦查工作的五年左右时间中，对全省立案侦查的22件22人机动侦查案件，除了一件是由检察长审批外，其他都是由分管副检察长作出最终审查决定的，且主要是在检察侦查部门提供的相关书面报告中提出的最终意见，决定程序的司法性还不够。这一过程没有纳入案件管理系统，对职权运用的监督性同样不够。

得到严格有效运行的关键,应当按照"重大监督事项案件化办理"①的要求,以司法性塑造审查决定的程序,并应在十五日之内作出审查决定。主要流程包括:

第一,组建专门的办案组织进行审查。要按照司法责任制的要求,落实"谁办案,谁负责"的办案责任制,组建由员额检察官负责的办案团队。除了执行回避制度和从事审查逮捕、审查起诉工作的刑事检察人员,办案组可以吸收本院民事检察、行政检察和公益诉讼检察人员参加,必要时,还可以吸收检察技术人员、司法警察参加。办案组履行办案主体责任,对案件事实认定、定性处理负责,以少数服从多数的原则,提出对设区的市级人民检察院提请批准直接受理书确定的一致性或者多数人的结论性审查意见,报分管检察侦查的院领导决策。鉴于对机动侦查案件的线索分析研判、立案审查等先期办案工作,省级人民检察院已经着力统筹谋划、指导办案,且侦查案件强调及时性原则,因此,办案组的办案期限可以考虑在十日之内。

第二,办案组的办案活动应当线上、线下同时进行,接受规范的案件管理。自设区的市级人民检察院在线上报送提请批准直接受理书之日起,省级人民检察院就应当及时在线上、线下开展审查、调查活动,并把该活动纳入案件管理系统,自觉接受案件管理部门、检务督察部门对办案活动的监督,切实增强高质效办案的责任心、纪律约束和廉洁意识。

第三,省级人民检察院对"提请批准直接受理书"作出是否批准的决定。在办案组对设区的市级人民检察院"提请批准直接受理书"提出审查意见之后,分管检察侦查工作的副检察长应当报告检察长,在五日内由检察长或检察长授权分管副检察长依法作出最终审批决定。省级人民检察院的决定具有法律效力,必须得到执行;原则上批准之日即设区

---

① 2015 年,最高人民检察院为加强侦查监督工作,率先在侦查监督领域提出"重大监督事项案件化办理"的要求,并开展试点工作,之后在其他检察监督领域倡导推动,目的是加快检察监督的案件化步伐。

的市级人民检察院对相关机动侦查案件立案侦查之日。[①] 在机动侦查案件的立案环节，检察长是法律规定最高的办案决策者之一，一般无须再提请检察委员会讨论决定，避免贻误立案时机，这符合法律规定和侦查属性。当然，在实践中，为了集思广益，检察长在作出决定之前可以就相关案情在一定范围内开展通报、会商，也可以实行向检察委员会备案审查制度。

设区的市级人民检察院接到省级以上人民检察院批准直接受理的决定之后，应当制作立案报告，由检察长批准后对机动侦查案件予以立案侦查。这里应当指出的是，省级以上人民检察院作出的以机动侦查立案的决定是有法律效力的，下级检察机关应当严格执行，一般应当以决定之日为立案之日。对少数需要履行党内报告程序、人大常委会法定程序等特殊案件，也应当在相关程序完毕后及时立案，并报告作出决定的省级以上人民检察院。

---

① 司法实践中，设区的市级人民检察院接到省级人民检察院决定之后，一般会及时立案侦查。个别情况下，由于需进一步调查核实或者与相关部门沟通，立案侦查时间会稍稍延缓。在制定机动侦查办案规程时，应当对此作出明确的规定。

第七章 机动侦查活动的一般规则

检察侦查是法律监督属性的侦查活动，既要遵循法律对侦查活动的一般规定，也要遵守法律对检察侦查权行使的特别规定。检察机关行使机动侦查权，从侦查学原理上是公安机关的侦查活动与检察机关的侦查活动的特殊融合，更要结合检察机关是国家的法律监督机关的宪法地位，正确把握好侦查工作的一般规则。

第一节 正确处理立案环节的重要关系

如前所述，立案是刑事诉讼活动开始的法律标志，无立案即无侦查。立案对所有侦查机关都有重要意义。检察机关的机动侦查案件属于公安机关管辖的案件范围，立案的主要目的是围绕机动侦查案件的事由调查收集证据、全面查明案情。从理论与实践看，检察机关在对机动侦查案件立案阶段，特别要处理好以下几个重要的法律关系。

一、处理好与公安机关立案之间的关系

毋庸置疑，检察机关的机动侦查案件本属于公安机关管辖的案件范围。检察机关对机动侦查案件的立案，对公安机关的案件管辖和立案活动既存在补充性，也存在监督性，检察机关从立案开始就要有依法履行机动侦查权求同存异、减少摩擦的认识自觉。实践中，检察机关履行审查逮捕、审查起诉职能是发现机动侦查案件线索的主要来源之一，这就可能会出现国家机关工作人员利用职权实施的重大犯罪案件已由公安机关立案，那么，需要对这类案件是否可以转化为由检察机关直接受理的

机动侦查案件作出判断。近年来，公安机关已经立案的案件在检察机关审查逮捕、审查起诉程序中转化为机动侦查立案的案件已有发生，其可能诱发的立案、管辖之争值得格外关注。笔者认为，对国家机关工作人员利用职权实施的重大犯罪案件，检察机关应当严格执行《刑事诉讼法》第十九条第一款"刑事案件的侦查由公安机关进行，法律另有规定的除外"的规定，如果公安机关已经依法立案侦查，没有出现应该由人民检察院直接受理的特别情形，检察机关原则上不应利用审查逮捕、审查起诉的职能优势和程序便利将案件转化为机动侦查案件立案侦查。只有在公安机关依法不应当继续侦查或者继续侦查有障碍的个别情况下，经过与公安机关会商一致并经省级以上人民检察院决定，才可以将公安机关立案的属于机动侦查范围的案件调整为由人民检察院适用机动侦查权立案侦查。实践中，主要针对的是公安民警利用职权实施的重大犯罪案件，公安机关出于回避和维护执法公信力的考虑，而商请调整为由检察机关立案侦查，或者公安机关明显存在立而不侦、侦而不结等消极侦查的现象，或者有其他需要调整为由人民检察院直接受理的充分理由。从办案程序上看，要严格依法做好两种立案的衔接和转化，避免出现同一案件由两个侦查机关同时或先后立案以及侦查程序混乱、侦查措施脱节的情况，即只有在公安机关依法撤销立案之后才可以启动检察机关以机动侦查权立案的侦查活动。检察机关应当建立以机动侦查案件立案侦查通报公安机关的制度，既避免公安机关可能出现的重复立案问题，也有利于在侦查活动中得到公安机关的全力支持、配合。

二、处理好与立案监督之间的关系

从实践看，检察机关对机动侦查案件的立案理由，既有公安机关应立不立消极立案的问题，也有公安机关不应立而立的不当立案的问题。公安机关在立案问题上的不作为、乱作为，都属于检察机关立案监督、对侦查活动监督的范围。对于机动侦查案件立案，法律和司法解释并没有强调有立案监督前置的程序规定，也即法律并没有要求检察机关在适用机动侦查权之前必须对相关案件开展立案监督。笔者认为，从法理上讲，机动侦查权也可以被列为广义上的检察机关对公安机关立案和侦查活动的监督方式，只有常规的立案监督方式已经穷尽且无效的情况下，运用机动侦查权才显得必要和正当。所以，检察机关运用机动侦查权应当综合考量和评估立案监督、对侦查活动监督的功效，以常规的立案监督、侦查活动监督就能够起到促进公安机关对国家机关工作人员利用职权实施的重大犯罪案件的立案侦查活动的，就没有必要动用机动侦查权将"公安的案件拿过来自己办"。同时，必须看到，及时性是侦查固有的特性，加强对立案活动、侦查活动的监督，也必须有坚强后盾，机动侦查权这一硬的"一手"在检察机关开展对立案活动、侦查活动监督中，必须时刻做好准备。只要出现立案监督、侦查活动监督效果不彰或者其他紧急情况，检察机关就要以机动侦查权这样极具威慑力的法律监督手段，切实加强对公安机关立案侦查活动的法律监督。在机动侦查案件立案侦查过程中，不影响检察机关继续开展关联案件的立案监督工作。对侦查活动的监督工作应当形成法律监督组合拳。

三、处理好与立案交办之间的关系

从《人民检察院刑事诉讼规则》看，对机动侦查案件的立案应当是设区的市级人民检察院为最基本主体，县级基层检察机关没有立案侦查权。而根据《刑事诉讼法》第十九条第二款的规定，只要经过省级以上人民检察院决定，包括基层检察机关在内的四级检察机关都有机动侦查案件的立案侦查职能。从近年的实践看，机动侦查案件严格遵守司法解释的规定，由设区的市级人民检察院立案侦查，相关基层检察机关配合；在一些案件侦查活动中，相关基层检察机关实际上起着主力军作用。这带来一个重大的法律适用问题，即对于机动侦查的案件，是否可以参照适用司法工作人员相关职务犯罪案件的立案规则，即以设区的市级人民检察院立案为原则，少数情况下，设区的市级人民检察院立案之后可以依法交由辖区内的基层人民检察院立案侦查。在一次性立案规则下，检察机关通过自上而下法定领导体制作出的立案交办决定，下级人民检察院应当执行，基层人民检察院不必就同一机动侦查的案件另行立案。笔者认为，从全面激活机动侦查权战略上看，对机动侦查案件实行严格意义的交办制度是必要的，也是可行的。必要性在于，机动侦查的法律基础在基层，机动侦查权的生命在于实践、活力在于基层，只有充分调动基层检察机关的办案积极性，机动侦查权才能算是真正的落地生根、开花结果。这完全符合刑事诉讼法对机动侦查权规定的立法精神和立法的沿革。可行性在于，对机动侦查案件的侦查一般不会比对司法工作人员相关职务犯罪案件的立案侦查有更大的困难和阻力；实践中，一些机动侦查案件是在设区的市级人民检察院作出立案决定和统筹指导下，主要通过案发地的基层人民检察院的全力配合完成的，基层检察机关在发现线索、开展侦查方面有着得天独厚的优势。笔者认为，在检察一体化机制下，可以考虑将部分机动侦查案件交由基层检察机关立案侦查。当然，这需要对办案实践不断总结、思考，以法治思维和法治方式领会机动侦查权的立法精神，慎重调整司法解释对机动侦查权立案侦查的启动机制。从稳妥出发，对于交由基层检察机关立案侦查意向，设区的市级人民检察院在对机动侦查案件提请批准直接受理书中就应当明确，便于省级以上人民检察院站在全局上作出科学决策和有力指导。

第二节　坚持检察侦查办案的重要原则

一、坚持依法客观调查收集证据的原则

立案后，检察机关既有对案件开展依法客观全面调查收集证据的法律责任，也有依法客观全面调查收集证据的法定条件。《刑事诉讼法》第五十二条对全面、客观调查收集证据作了明确规定。为此，《人民检察院刑事诉讼规则》第一百七十六条规定："人民检察院办理直接受理侦查的案件，应当全面、客观地收集、调取犯罪嫌疑人有罪或者无罪、罪轻或

者罪重的证据材料，并依法进行审查、核实……"其中，合法性是前提，调查取证的主体、方式、手段等都要有法律依据，比如，必须由员额检察官主导调查取证活动，对犯罪嫌疑人采取强制措施应当经检察长批准，严格执行讯问同步录音录像制度等。不然，就可能因证据不合法而没有证明力，进而影响对案件的定性处理。客观性指案件是不以人的意志为转移的客观存在，调查取证要尊重案件的客观性，毫不动摇地从案件客观事实出发，尽可能收集客观性证据、原始性证据、技术性证据，坚决避免先入为主、主观臆断，让案件事实还原真实，并有无可争议的客观性证据加以证实。全面性则要求检察机关既要调查收集证明有罪、罪重的证据，也要调查收集无罪、罪轻的证据，使证据形成完整证据链，全面揭示案件的实质。对于机动侦查案件而言，全面性也要求检察机关要全面调查犯罪嫌疑人与案件相关联的其他犯罪事实，以通过线索移送、职能协同，与相关办案机关形成工作合力；要注重进一步调查收集由人民检察院直接受理公安机关管辖的国家机关工作人员利用职权实施的重大犯罪案件的相关事实和证据，增强以适用机动侦查权方式立案侦查的合法性、合理性和正当性。

二、坚持"重证据、重调查研究，不轻信口供"的原则[1]

《刑事诉讼法》第五十二条对严禁刑讯逼供和以威胁、引诱以及其他方法收集证据，不得强迫任何人证实自己有罪等作了明确规定。这是侦查活动中极端重要的原则。其本质就是反对侦查暴力，使侦查活动严格在法律轨道内进行，把"重证据、重调查研究，不轻信口供"的原则贯彻检察侦查活动全过程。其要义指：

（1）认定和处理案件，必须有确实、充分的证据，必须把调查收集证据放到侦查活动的核心位置和全过程。证据是诉讼之王，是定案之本，

---

① 参见童建明、万春主编：《〈人民检察院刑事诉讼规则〉理解与适用》，中国检察出版社 2020 年版，第 111—116 页。

是侦查机关全面深刻认识和揭示案件真实性的唯一依据。

（2）证据是靠调查出来的，而不是审查出来的。重调查研究就是指侦查机关应当按照刑事诉讼法关于证据的分类和法定途径广泛、充分地调查收集证据。案件事实总是先于立案侦查而存在，证明案件事实的证据也是不以人的意志为转移的客观存在。调查收集证据是对案件的回溯过程，是实践性极强的开放性的、专门性的调查研究工作，必须开门办案，围绕案件事实把法律规定的各项侦查调查方式用足用活，如查封、冻结、扣押物证、书证、视听资料、电子数据，勘验、鉴定、辨认，搜查，以及必要时经严格批准实施技术侦查、通缉、边控、追逃，等等。[①]

（3）要正确处理证据与口供之间的法律关系。从法律上看，所谓的口供就是指犯罪嫌疑人、被告人的供述与辩解，这是一种独立的刑事诉讼证据类型，且应当属于证据体系中的直接证据，在认定案件事实上、指引调查核实其他证据上有着不可替代的重要作用。然而，由于口供是犯罪嫌疑人、被告人的供述与辩解，受直接利害关系的影响，特别是侦查阶段刚刚启动对犯罪嫌疑人犯罪的刑事追究，必然导致犯罪嫌疑人在供与不供、供多供少、供重供轻等方面的利弊权衡，出现心理波动和思想起伏，导致口供的不稳定、不可靠，给口供的真实性、证明力打上折扣。这是人性给口供带来的天然的不确定性。因此，我国刑事诉讼法历来严格禁止刑讯逼供以及以其他非法手段获取有罪供述，强调只有被告人的口供、没有其他证据不能认定被告人有罪和处以刑罚；没有被告人的口供，证据确实、充分的，可以认定被告人有罪和处以刑罚。所以，对机动侦查案件的侦查活动，必须坚持重证据、重调查研究，不轻信口供的原则，始终把侦查的重心放到调查收集证据特别是客观性证据上，

---

① 侦查措施主要有：(1) 讯问犯罪嫌疑人；(2) 询问证人、被害人；(3) 勘验、检查；(4) 搜查；(5) 调取、查封、扣押物证、书证和视听资料、电子数据；(6) 查询、冻结；(7) 鉴定；(8) 辨认；(9) 技术侦查措施；(10) 通缉、上网追逃、边控等。参见童建明、万春主编：《〈人民检察院刑事诉讼规则〉理解与适用》，中国检察出版社2020年版，第109页。

坚持"以证促供、供证一致"的方针，切实降低对口供的依赖，还原口供的证据地位和证明作用。这样，对机动侦查案件的侦查活动就能够自觉进入依法、文明、客观、理性的法治轨道。

三、坚持保障诉讼参与人诉讼权利的原则

这是我国宪法规定的尊重和保障人权原则在刑事侦查活动中的具体体现。根据《刑事诉讼法》第十四条和《人民检察院刑事诉讼规则》第一百七十七条的规定，人民检察院办理直接受理侦查的案件，应当保障犯罪嫌疑人和其他诉讼参与人依法享有的辩护权和其他各项诉讼权利。检察机关机动侦查案件立案中，要依法保护犯罪嫌疑人的诉讼权利，严禁刑讯逼供以及以其他方式侵犯犯罪嫌疑人的合法权益；要严格执行辩护制度，为辩护律师或者法律援助律师了解犯罪嫌疑人涉嫌罪名和案件有关情况提供良好条件，充分听取辩护律师为犯罪嫌疑人申请变更强制措施、提供法律帮助的相关意见；要依法及时向被害人调查取证，有效保护被害人的合法权益，充分听取被害人的意见，还可以为他们提供法律援助律师；要尊重证人自愿作证的规定，以证人同意的时间、地点、方式开展向证人的调查取证工作。

第三节　制定多策并举的侦查方案

立案只是侦查活动的开始，要高质效办理机动侦查案件，必须因案施策，以制定切实可行的侦查方案等有的放矢地引导整个侦查活动有序推进。侦查方案是在立案审查基础上对案件实施侦查活动的纲领，对转化立案侦查成果、确定侦查工作预期、有序推进侦查活动，有着重大的指导意义。检察机关长期开展对职务犯罪案件侦查的成功实践充分表明，制定切实可行的侦查方案是确保侦查办案有的放矢的关键。有了科学的侦查方案，侦查活动就有章可循。

对于机动侦查案件而言，更应当把制定科学周密的侦查方案放到事关高质效办案的关键环节，早谋划、早制定。实践中，一些地方检察机关要求，设区的市级人民检察院在"提请批准直接受理书"的同时，就应当制定科学的机动侦查案件的侦查方案，并就主要内容随同报告省级人民检察院审查决定。

应当突出机动侦查案件侦查方案的特殊性。机动侦查案件是刑事犯罪、职务犯罪交叉性、复合型的犯罪案件，在犯罪的内涵、形式、手段和结果方面更具有多样性、复杂性、疑难性，故必须有检察机关直接受理的充分理由。所以，检察机关对机动侦查案件的侦查中需要查明的事实更多、需要收集的证据更丰富，与此相适应，侦查措施、手段、方式必然更加丰富多样。不仅如此，机动侦查案件是刑事犯罪与职务犯罪的混合体，既可能存在刑事犯罪的扩展问题，也可能出现职务犯罪的发展问题，如涉嫌的刑事犯罪是一个共同犯罪，就会产生立案监督、追捕追诉等相关的法律监督工作；如涉嫌的职务犯罪可能是贪污贿赂等犯罪，就会产生按职务犯罪案件的管辖制度将线索移送监察机关依法处理的问题等。机动侦查案件的侦查方案应当多策并举、多管齐下，周密性和周延性十分重要。除了一般性的调查核实手段外，机动侦查案件的侦查方案中应当特别强调采取讯问 [1]、查封、冻结、扣押、搜查以及调取内部材料工作等侦查调查措施。对其他专门性的调查侦查措施，主要是勘验、人证、物证检验，人体检查，侦查实验，鉴定，辨认，以及是否需要采取技术侦查措施、通缉（上网追逃）、边控等，都需要在侦查方案中提出明确的实施意见；对电子数据、通信信息是否需要技术性恢复，也应当在侦查方案中列明。

侦查方案中要明确侦查办案的实施主体、职责分工、目标进度、步骤方法和办案纪律，明确商请公安机关以及其他国家机关配合的事项、

---

① 讯问是特殊的强制性侦查措施，在侦查方案中应当设计基本的讯问计划。同时根据整个侦查方案，应当制定更具体的可操作性的专门的讯问计划。

要求、时间和方式，明确实施过程中对侦查方案作灵活调整的简化程序。要以提高执行力为重点，充分调动侦查办案组织和员额检察官的主观能动性，同时，加强对执行侦查方案的案件管理、督促检查，确保侦查方案成为高质效办案的指南。

第八章 讯 问

《刑事诉讼法》第二编第二章"侦查"第二节从第一百一十八条至第一百二十三条共 6 个条文专门规定了"讯问犯罪嫌疑人";《人民检察院刑事诉讼规则》第九章"侦查"第二节从第一百八十二条至第一百九十条专门规定了"讯问犯罪嫌疑人"。讯问在侦查工作中处于十分重要的地位,在有确定的犯罪嫌疑人的情况下,讯问是侦查工作的必经程序,是获取犯罪嫌疑人供述与辩解的唯一法定途径,对于涉嫌犯罪案件在实体处理和程序适用上有着重大影响。

检察机关以往的职务犯罪侦查工作,把讯问工作放到十分重要的位置,尤其是对于以言词证据为主要形态的贿赂犯罪案件的侦查工作,讯问工作甚至处于整个侦查工作的核心地位,几乎整个侦查活动和办案进程都要围绕讯问来展开。讯问不仅在实践中备受重视,而且在理论上引人关注,为数不多的职务犯罪案件侦查著作中更是把讯问放到重要的位置。[①] 对于机动侦查案件的讯问工作,我们应当理性地把握其基本机理、要素和方法,坚决不能陷入侦查即讯问、讯问即侦查的重大法律错误之中。

第一节 讯问的基本机理

正确把握机动侦查案件讯问的策略前提是充分认识讯问的基本机理。

---

① 刑事诉讼实践中长期存在口供至上、以突破口供为侦破案件基本标志的错误认识和危险做法;检察机关在以往的职务犯罪案件侦查中也常常陷入以供促证的侦查讯问主义的困境。

一、讯问是立案之后的一种强制性侦查措施

讯问是侦查活动的重要组成部分，但不是侦查活动的主线，更不是侦查活动的全部。^① 在封建社会纠问式诉讼模式的长期影响下，以讯问为中心的侦查讯问化倾向一度在我国刑事侦查中根深蒂固，把获取犯罪嫌疑人的有罪供述作为侦查活动的首要目标和成功标志。在刑事犯罪案件"由事到人"的侦查模式中，发现和锁定了犯罪嫌疑人就立刻传唤、讯问成为侦查活动的基本形态。在检察机关职务犯罪案件侦查中，由于立案之前的调查手段有限，在实行"由人到事"的立案模式中，更是把案件的侦破放到有效获取犯罪嫌疑人的有罪供述上。也就是把口供作为证据之王，把讯问作为侦查之魂，由此产生了立案即讯问的顽固性的意识和习惯。

笔者认为，如果说立案是开启刑事诉讼的大门，那么，讯问犯罪嫌疑人就是开启侦查大门之后侦查活动的其中一条路径。侦查活动以调查收集证据为根本目的，而法律规定的调查核实的方式多种多样，决不可让讯问变成整个侦查活动的"自古华山一条路"，把侦查活动变成一成不变的讯问活动。如果侦查活动只是讯问活动，就难以避免逼供信，出现冤假错案，酿成重大办案事故。所以，笔者认为，立案只是开展讯问工作的法定前提，立案与讯问是刑事诉讼中两个有紧密关联又相互独立的法定程序，有各自不同的适用条件、诉讼价值和运行空间。立案决不能等同于讯问，立案之后是否立即传唤犯罪嫌疑人，应当视不同的案件情况决定。^② 如果立案之前的调查取证工作已经到位，证据已经比较确实、充分，为防止出现一些外部的调查工作惊动犯罪嫌疑人导致毁证、串供等情况，或者犯罪嫌疑人有投案自首、打击报复、自杀逃跑等紧急情形，立案后就应当及时传唤犯罪嫌疑人到案接受讯问；而从法律的规定性和

---

① 参见王祺国：《不能再强调"突破口供"了》，载《法学家茶座》第 40 辑，山东人民出版社 2013 年版。

② 参见王祺国主编：《新时代检察侦查概论》，中国检察出版社 2023 年版，第 121—122 页。

诉讼的规律性出发，大多数情况下，立案之后仍然有必要依靠法定的强制性调查核实手段进一步巩固、丰富案件的证据体系，增强证据的证明力，为包括讯问工作在内的后续侦查活动提供更充分的主客观条件。

机动侦查的案件由于是刑事犯罪与职务犯罪交织的复合性犯罪形态，且可能涉及国家机关工作人员其他违纪违法甚至犯罪行为，同时立案之前又需要经过省级以上人民检察院决定的法定程序，因此，检察机关在立案环节必然会从严把关。同时，立案之后还应当对案件的事实、证据作进一步调查核实，特别是对犯罪嫌疑人利用职权与犯罪的因果关系必须得出肯定性的结论，因此，需要采取查封、冻结、扣押等强制性侦查措施，以及鉴定、检查、勘验等专业性的技术措施，还需要调取内部的证据材料、与相关部门进行充分的沟通。因此，在立案与讯问之间有一个过渡性的时间段，应当从调查取证的必要性和最有利于讯问的角度来确定立案与讯问之间合理的间隔。

二、讯问的本质是调查核实证据

从本质上看，讯问是调查核实的法定方式，是强制性地对犯罪嫌疑人"面对面"调查取证的途径。对于讯问，需要特别注意以下几点：第一，不能强迫让犯罪嫌疑人自证其罪。检察机关不得以任何手段强迫犯罪嫌疑人证明自己有罪，严禁逼供信以及以其他强迫或者变相强迫的方式获得犯罪嫌疑人的有罪供述。第二，讯问的直接目的是收集犯罪嫌疑人的供述与辩解。犯罪嫌疑人、被告人的供述与辩解是我国刑事诉讼法规定的重要证据类型，属于言词证据、直接证据的范围，在证据体系和证实案情上具有重要价值。法律和法理上虽然指出没有犯罪嫌疑人、被告人的供述与辩解，其他证据确实、充分的，可以对被告人定罪处刑，但是，司法实践中真正以"零口供"（即缺少有罪供述）定罪处刑的案件极少。而获取犯罪嫌疑人、被告人的供述与辩解首先是从侦查阶段开始的，尤其是第一次讯问对犯罪嫌疑人、被告人供述与辩解这一极其特殊且重要的证据形态的形成有着基础性的意义，更应当予以高度重视。

第三，讯问的重要价值是对已有证据的检验和对调查取证等侦查活动的指引。毫无疑问，立案之后开展的讯问工作是承前启后的有准备的侦查活动，侦查机关依据立案之前调查收集的证据和立案之后跟进的调查取证工作，有依据、有目的性地对犯罪嫌疑人进行讯问。主要是通过犯罪嫌疑人的供述与辩解对已经调查收集的证据以及证明力进行检验、印证，既可能出现供与证一致或基本一致的情况，也可能出现供与证不一致或者彼此对立的情况，还可能查出侦查机关尚未掌握的其他违法犯罪情况。这就需要结合在案的各种证据，分析案情发展变化的情形，对原有的侦查方案进行针对性的调整，更有效地指引下一步的调查取证工作和讯问工作。

对于机动侦查的案件来讲，强调讯问工作的本质就是强调调查核实证据工作的必要性。这不仅能够增强检察机关立案前后的调查取证意识，确保讯问之前的调查取证工作更加到位，证据更加确实、充分，做到胸中有丘壑、坚决不打无准备之仗；而且能够以扎实的证据为依托制定更加周密的讯问计划，增强对整个讯问工作的预见性、主动权和调控力。

三、讯问是心理层面的较量

讯问工作是侦查人员与犯罪嫌疑人在法定场所（对于已经被刑事拘留、逮捕的犯罪嫌疑人，讯问场所就是被羁押的看守所）围绕涉嫌的犯罪开展的针锋相对的"面对面"的较量，也是力量、措施、技术有着压倒性保障的侦查机关非对称性的侦查活动。侦查机关要牢牢把握讯问全过程的主动权，不仅要有充分的法律依据和充足的事实证据，而且要有充分的心理准备和博弈艺术。讯问工作也是一场斗智斗勇的心理战。其根源在于，任何犯罪既具有蔑视公德、挑战法律权威的严重的社会危害性，又具有犯罪者逃避、降低被发现、被查处风险的对抗性，这是犯罪者普遍具有的犯罪人格、犯罪心理。犯罪者不仅会在实施犯罪过程中留下规避法律、逃避制裁的虚假事实、现象、证据、轨迹，也会在感到可能被发现、被查处过程中采取一系列毁灭、隐藏、转移犯罪物证、书证，伪造证据、威胁证人以及订立攻守同盟、串供等反调查、反侦查行为，从心理上增强抵御实施的犯罪被发现、被打击的意识和能力。这在非暴力性的智能型犯罪案件中尤为突出。检察机关的侦查工作主要面对的是国家工作人员实施的职务犯罪案件，更是把心理战放到讯问工作的重要位置。机动侦查案件是国家机关工作人员利用职权实施的重大犯罪案件，大多数是非暴力性智能犯罪，更要重视讯问中斗智斗勇的心理战。从以往检察机关讯问职务犯罪嫌疑人的共性心理看，犯罪嫌疑人一旦被检察机关依法传唤特别是被采取刑事拘留等限制人身自由的强制措施后，在接受讯问中大致会经历"抵触对抗阶段"→"试探摸底阶段"→"犹豫动摇阶段"→"交代供述阶段"四个心理变化阶段。这些心理变化阶段，虽然因案、因人可能会重叠、颠倒，极少数特殊情况下，如犯罪嫌疑人投案自首、犯罪嫌疑人知晓同案犯已被先予羁押、证实犯罪的证据已经形成不能摆脱的完整链条等案件，犯罪嫌疑人可能不会存在这样的抗审心理规律，但是抗审的四个心理变化规律基本反映了犯罪嫌疑人接受讯问的心理变化过程。[1] 这一心理变化的周期一般针对的是贿赂犯罪案件，时间范围是三天到五天。[2] 如何缩短犯罪嫌疑人抗拒心理周期，特别是缩短不供、拒供时间，成为检察机关重视讯问心理策略的主要目的。

从职务犯罪侦查办案的实践看，对犯罪嫌疑人在接受讯问过程中的心理变化应当着重把握如下几条共性规律：第一，职务犯罪案件中的犯罪嫌疑人都不同程度存在拒供的心理，同时，讯问进程中这种不供心理有一个逐渐减弱的过程。由于具备国家机关工作人员身份的犯罪嫌疑人

---

[1] 参见朱孝清：《职务犯罪侦查教程》，中国检察出版社 2006 年版，第 140—141 页；朱孝清：《中国检察若干问题研究》，载《人民检察》2001 年第 10 期。

[2] 贿赂犯罪案件中以言词证据为主，所以，讯问犯罪嫌疑人既特别重要，又难度特别大。实践普遍的规律是，贿赂犯罪嫌疑人接受讯问从抗拒交代到坦白交代一般要经历四个心理变化阶段和三天到五天时间的心理变化周期。正因为如此，检察机关把首次讯问十二小时放到"首战必胜"的十分重要的位置。当然，对讯问中犯罪嫌疑人的心理变化规律，也有人将之概括为"不供拒供、矛盾动摇、供认坦白三个阶段"，参见杨春雷、万春主编：《司法工作人员职务犯罪侦查业务》，中国检察出版社 2021 年版，第 85 页。

对自己一夜之间从"人上人"到"阶下囚"会有短期的认知障碍，他不相信自己所处的孤立无援的真实处境，心存种种侥幸、有人会捞他出去等幻想；随着对被羁押处境的逐步接受，犯罪嫌疑人的情绪会慢慢冷静下来，对自己的犯罪行为产生自怨自艾的复杂心理，抗拒的心理逐渐被瓦解。第二，职务犯罪嫌疑人的心理都有脆弱的地方。人的心理与其职业、家庭、学历、成长、磨炼、性格、性别等有密切关联，也总是与所处时代、环境以及人性、本能存在内在联系，而任何人的心理总有脆弱的一面，职务犯罪嫌疑人也是如此。比如，性格倔强的心理弱点就是自尊心比较强，自尊心强的心理弱点就是爱面子，家庭观念重的心理弱点就是其家人，有地位的人的心理弱点是害怕一无所有，等等。突破职务犯罪嫌疑人的心理伪装，抓住其心理的要害命脉，讯问就能以理服人、以智取胜。第三，所有职务犯罪嫌疑人抵抗心理的崩溃点在于感到自己已经穷途末路。职务犯罪嫌疑人之所以在接受讯问过程中会有这样那样的抵抗、狡辩，就是因为他们认为检察机关还没有发现其犯罪事实、没有掌握其犯罪的证据。如果检察机关已经掌握确实的犯罪证据或者犯罪嫌疑人认为检察机关已经掌握了其确实的犯罪证据，那么，犯罪嫌疑人就会自乱阵脚，抗拒心理就会被彻底瓦解，在权衡利弊中就会逐步坦白自己的罪行。

机动侦查案件中，由于存在较多的客观性的犯罪事实与证据，犯罪嫌疑人在接受讯问的心理上同样会复杂多变，但是在坦白犯罪的自我心理防线和保护意志上通常比一般的职务犯罪嫌疑人尤其是贿赂犯罪案件犯罪嫌疑人薄弱。只要检察机关遵循职务犯罪嫌疑人供述犯罪的基本心理规律，知己知彼、因势利导，就能够把讯问心理战的主动权牢牢把握在自己手中。

第二节　讯问计划

遵循讯问工作的机理，根据法律规定，开展讯问工作应当制定专门的讯问计划。从广义上看，讯问计划是侦查方案的有机组成部分，应当在侦查方案指导下制定周密的讯问计划。制定讯问计划应当特别把握以下三个方面。

一、要严格遵循讯问的法定程序

第一，讯问的主体。根据刑事诉讼法和《人民检察院刑事诉讼规则》的规定，讯问犯罪嫌疑人的主体是检察机关的员额检察官，主要是检察侦查部门的员额检察官，其他人员包括检察官助理、司法警察都不能直接开展讯问活动。第二，讯问的对象是犯罪嫌疑人，其他任何人不得成为讯问的对象。第三，首次讯问的地点一般应当在检察机关专门的讯问室进行，特别情况下，也可以在公安机关等其他侦查部门的讯问场所内进行；如果犯罪嫌疑人已经被羁押，接续讯问应当在看守所进行，必须在看守所外进行讯问、辨认的，要严格履行批准手续。第四，要切实保障犯罪嫌疑人的诉讼权利。严禁逼供信，讯问时要告知犯罪嫌疑人的权利与义务，一次性讯问不得超过十二小时，不得以连续传唤的方式变相羁押犯罪嫌疑人，讯问中必须保证犯罪嫌疑人必要的饮食和休息时间，讯问必须全过程同步录音录像并做到审录分离等。

二、要同步推进侦查工作

在制定讯问计划时，必须与其他侦查措施结合起来，坚持讯问不停止其他侦查活动的重要原则，形成侦查活动"以证促供""以供促证"良性发展的局面。

一是同询问重要证人结合起来。证人证言是刑事诉讼中重要的言词证据。证人由于与案件有着利害关系，在检察机关立案之前可能对配合调查取证有内心顾虑，立案之后尤其是对犯罪嫌疑人开展讯问之后，证人就少了后顾之忧，检察机关应当抓住时机开展对重要证人的调查取证工作。重要证人包括被害人、举报人、目击者，也包括犯罪嫌疑人的亲属，特别利害关系人等。对重要证人的调查取证能够印证犯罪嫌疑人的供述是否属实、与其他证据是否一致，对增强讯问的针对性有着重要作用。

二是同搜查结合起来。如前所述，搜查是对涉嫌隐藏罪犯、罪证场所的搜寻、检查，是获得罪证不可替代的强制性侦查措施。犯罪嫌疑人的住所、办公室以及其他利害关系人的相关场所，通常是犯罪嫌疑人认为隐藏、转移证据最安全、最便捷的地方。所以，在犯罪嫌疑人被依法讯问的同时，不失时机开展搜查工作，对于收集新证据、丰富证据体系、掌握更多的与案件有关的材料有重要作用，也有利于打击犯罪嫌疑人的抗拒气焰，瓦解其心理防线。

三是同鉴定、勘验、数字等检察技术工作结合起来。对犯罪嫌疑人传唤后，几乎所有的检察侦查手段都有了用武之地。如对案件关联的笔迹、指印、血液、毛发、伤势等可以开展技术鉴定；对犯罪现场可以进行勘验、检查；对犯罪嫌疑人使用的电脑、手机等电子产品的使用情况可以进行恢复、提取等。这在有力增强证据链和证明力的同时，也为讯问工作提供了更多宝贵的进攻"炮弹"。

三、要重点制定首次讯问提纲 [①]

讯问工作是伴随侦查全周期的一项系统工程，关键是开好头、起好步。万事开头难，整个讯问计划一定要突出首次讯问这个重点。首次讯问是检察机关与犯罪嫌疑人第一次面对面的较量，在整个讯问体系中有着重要的基础性地位。在以往检察机关职务犯罪侦查的实践中，都十分重视首次讯问，有专家专门就"第一次讯问"进行过详细阐述 [②]。首次讯问受到不得超过十二小时的时间限制，不可能毕其功于一役，应当有一个合理的期望值，若能够取得对主要的或者是局部的案件事实的揭露和证实，并建立压倒性的心理优势，就达到了理想的结果。

这里需要指出的是，首次讯问之前必然有一个对犯罪嫌疑人的传唤

[①] 参见朱孝清：《检察机关侦查教程》，法律出版社 2002 年版，第 137 页。

[②] 参见朱孝清：《职务犯罪侦查教程》，中国检察出版社 2006 年版，第 153—156 页。

过程，要用好传唤这一法律武器。司法实践表明，传唤机制是一种综合性的侦查谋略，对执行宽严相济刑事政策、落实认罪认罚从宽制度有着基础性的作用。重点是要正确把握传唤的三个环节：第一，传唤之前的教育环节，其实就是给犯罪嫌疑人从轻处理的出路。由于机动侦查案件的犯罪嫌疑人是国家机关工作人员，一般来讲，有必要也有条件在检察机关正式传唤之前先安排所在单位的主管领导、负责纪检监察工作的领导对其开展帮教工作，督促其认清形势、认识错误，主动投案自首。当然，安排这样特殊的环节，前提是对犯罪事实、证据已经基本搞清，特别是了解到犯罪嫌疑人有认罪悔罪的主观意愿，还要做好与有关单位相关的安全、衔接工作。如果了解到犯罪嫌疑人存在执迷不悟、顽固不化的抗拒心理，检察机关就可以不考虑给犯罪嫌疑人从轻从宽处理的机会。第二，实施传唤的策略。传唤是一种强制犯罪嫌疑人到案接受调查、讯问的法律措施，时机、地点和方式完全由检察机关自主决定。对于职务犯罪案件而言，传唤犯罪嫌疑人总的策略就是出其不意，以犯罪嫌疑人察觉不到的时间、地点和方式对其进行传唤。对于个性强、态度差的犯罪嫌疑人，可以与有关单位研究设置一个在其公开活动时实施传唤的场景，并由检察机关的司法警察押解犯罪嫌疑人到讯问场所接受讯问，这有利于打击其自我膨胀、目无法纪的嚣张气焰。第三，做好传唤后与开展首次讯问的有机对接。押解被传唤的犯罪嫌疑人到检察机关的讯问场所的过程中，司法警察不必与犯罪嫌疑人作任何与案情有关的交流，保持让其心神不定的紧张状态。犯罪嫌疑人到讯问室后，讯问人员应当第一时间对其实施高强度的审讯。实践证明，在犯罪嫌疑人惊恐未定的情况下开展突击、持续讯问，犯罪嫌疑人抗拒的意志就会被削弱，拒供的周期也会缩短。

讯问方案、讯问提纲并不是严格意义上的法律文书，没有标准化、规范化体系。结合检察机关长期以来对职务犯罪案件讯问工作的经验，特别是近年来对机动侦查案件开展讯问工作的有益探索，笔者认为，首次讯问提纲一般包括下列内容①：第一，有针对性地阐述案件的主要情况。包括涉嫌犯罪的事实、证据、定性以及案件的背景；犯罪嫌疑人的基本情况，如职务职权、经历学历、性格爱好、生活规律、褒奖处分情况；犯罪嫌疑人的社会关系，如婚姻家庭（配偶、子女、父母）以及其他特殊关系人的情况等。这些情况能让所有参与讯问的检察人员都能对案件和犯罪嫌疑人了然于胸。第二，讯问的重点和最低要求。坚持问题导向，明确首次讯问的重点是关键。讯问的重点主要有两个方面，一是是否为犯罪嫌疑人利用职权所为，二是犯罪嫌疑人主观上出于怎样的动机和目的。这两个问题直接关系到对犯罪因果关系和主观故意的认定。能够明确其中的一个方面，基本上就达到了首次讯问的目的。第三，讯问的对策，即围绕重点和目的，以案情和证据为依据确定最有效的讯问方法、节奏、阶段开展讯问工作，宜采用是与否的问答式、连续性、压迫式的方式，排除留有余地的可能性、选择性和不连贯的讯问方式。第四，组成攻守兼备的讯问小组。首次讯问事关之前侦查办案成果的固定，更关系未来侦查活动的走向，必须选好讯问人员。原则上，由于首次讯问受十二小时的限制，可以组成两组，每组由三名以上检察人员组成讯问梯队；除个别讯问人员确需调整和休息外，首次讯问应当由最佳搭配的一组讯问人员承担主角。讯问小组成员应当做科学分工，主要讯问人员必须由社会阅历深厚、办案经验丰富、法律专业水平高、随机应变能力强、对案情熟悉的进攻型检察官担任，以便能够牢牢把控讯问的重点、节奏和方向，确保讯问工作有条不紊地进行；其他的讯问人员做好外部证据的传递、指挥系统指令的传达等辅助性工作，必要时也可协助主讯检察人员做好旁敲侧击、顺水推舟的工作。第二组讯问人员作为讯问的预备队，可以根据讯问指挥系统指令，做好应急性的讯问指令传递、信息传送、材料调取、手续办理等工作；未经批准，一般不得随意出入讯问现场。另外，首次讯问提纲中应当有讯问的预案，安全、保密措施，讯问

---

① 参见朱孝清：《检察机关侦查教程》，法律出版社2002年版，第136—138页。

之后强制措施的适用以及接续的讯问安排等。

第三节　讯问的主要方法

在传统的检察机关职务犯罪侦查理论与实践中，对侦查工作的谋略主要聚焦在讯问的策略上，提出了"客观性原则""针对性原则""应变原则""优选原则""合法原则"以及各种有军事色彩的谋略。[①] 这对当下机动侦查案件的讯问工作仍然有重要参考价值。

笔者认为，机动侦查案件相对于传统职务犯罪案件，犯罪的后果与客观性证据较为显性。数字化侦查模式下，在证据、数据主导中更易于把握对方的心理规律，检察人员更能驾驭讯问的动态进程。数字赋能，使得以往建立在心理战、谋略战基础上的职务犯罪案件的讯问工作，在程式和开展方式上已经产生内生性改变。有观点认为，对司法工作人员相关职务犯罪案件的讯问方法可以概括为证据威慑法、政策感召法、道德激励法、内部分化法、亲近化解法等，这五种方法可以侧重使用、重叠使用、交叉使用。[②] 借鉴这样的认识，并结合办案实践，笔者认为，在机动侦查案件中可以采用以下六种讯问方法。

一、数据锁定法

在检察大场景中，数字赋能检察侦查已经从发现线索、指示调查、引导讯问全过程实现了闭环应用，数字侦查已经让大数据集成、分配、应用在立案侦查的各环节。在大数据时代，侦查活动的推进很大程度上是有着内在关系紧密在一定条件下可以相互转换的数据链与证据链、信息链与技术链互为作用的结果。也即是说，谁掌握了数据、信息，谁就

---

① 参见朱孝清:《检察机关侦查教程》，法律出版社 2002 年版，第 203—224 页。
② 参见王祺国主编:《新时代检察侦查概论》，中国检察出版社 2023 年版，第 130—133 页。

掌握了侦查的命运；谁拥有了证据、技术，谁就决定着案件的未来。在检察侦查现代化战场中，智慧侦查与智能侦查相辅相成、互为促进，它改变了传统检察侦查线性的机械办案模式，也改变了以往检察侦查陈旧的讯问流程。一问一答的讯问流程已越来越多地被犯罪嫌疑人自愿书写供词所替代。因为在数字赋能的现代侦查条件下，数据不仅会说话，而且能锁定犯罪嫌疑人的犯罪事实及其关联的违法违纪事实，让其插翅难逃。如在一件公安民警徇私枉法案中，检察机关在初查中通过数据分析，精准查明涉案的司法掮客向该民警利益输送的过程：司法掮客陪同所在地的办案公安民警乘坐高铁至北京，此后二人又返回杭州；司法掮客又陪同该民警在杭州某商场为其购买了两件金首饰和一件奢侈品，并用自己的身份证为民警开了一间房间，次日该民警离开杭州。该民警到案后，自以为二人之间的交往"天知、地知""你知、我知"，收受利益神不知鬼不觉。当侦查人员精准还原司法掮客与该民警一起出行、购物、入住以及相关的利益输送的一些环节后，对数据并不陌生的犯罪嫌疑人仍然被大数据的威力惊呆了。他对讯问的检察人员讲："这些数据谁也改变不了，我什么样的辩解都没有用；你们也不要问了，让我疏理疏理把自己的问题写出来吧。"可以说，在数字赋能检察侦查的当下，对于机动侦查案件的审查、调查、侦查工作更有全过程的丰富的数据支持。这些数据既能够锁住案件的重点问题、薄弱环节，也能揭露关联人员难以启齿的丑恶、隐情，在与其他证据共同作用中形成排他性的、完整性的、不可篡改的证明力。这对犯罪嫌疑人接受讯问时有着极大的内心压迫性和恐惧感。正因为如此，检察机关在开展讯问时在依法告知犯罪嫌疑人诉讼权利和义务后，只要犯罪嫌疑人愿意并有能力自写供词，一般就不再需要在首次讯问时用一问一答的传统讯问程式。在犯罪嫌疑人完成自写的供述与辩解材料之后，检察人员再有重点地围绕犯罪构成要件、要素做好讯问笔录[①]，并不失时机地引导犯罪嫌疑人全面供述所有的违法犯罪行为，主动检举已经被数据锁定的其他人员的违法犯罪行为。对检察机关来讲，从一开始就能高质效地把握讯问工作乃至整个侦查活动的主动权。

二、证据暗示法

证据是诉讼之王，也是讯问最可靠的依据。如前所述，讯问是一种特殊的调查核实手段，既是心理的较量，更是证据的较量。有数字化成分的技术证据和直接证据功能的客观性证据，是检察机关增强讯问威力、克敌制胜的法宝。机动侦查案件的讯问有更好的证据基础，检察人员手中掌握大量的对犯罪嫌疑人有杀伤力的"尖端武器""重磅炸弹"。检察人员只要不指供、诱供，不出证、示证，向犯罪嫌疑人指出特殊、敏感证据的形成过程、隐藏载体，指明容易被犯罪嫌疑人忽略的一些案件背景、外围旁证，强调犯罪嫌疑人实施极端行为、异常举止留下的蛛丝马迹，就能给犯罪嫌疑人施加强大的心理压力。在若隐若现的证据和信息面前，犯罪嫌疑人会认识到除了坦白再也没有其他更好的出路了。例如，一民警利用办案职权多次窃取犯罪嫌疑人甲手机支付宝、微信密码，将犯罪嫌疑人的10余万元资金转入自己银行卡。检察机关在机动侦查讯问时就指出其将甲的案卷隐藏在办公室杂物间的事实，并强调短期内其向配偶转账数十笔10余万元款项的事实。面对关联性的证据暗示，该涉案犯罪嫌疑人感到案情已经败露，很快就交代了利用职权实施重大盗窃犯罪的事实，并供述了压案不办、侦而不结等徇情枉法犯罪的事实。证据暗示法前提就是手中有充分的关联性的证据、情报、信息，检察人员通过引而不发、点而不破，让犯罪嫌疑人陡生压力，从而削减其供罪的抗拒、犹豫心理，摧毁其抵抗意志，为顺利讯问扫清主客观障碍。证据暗

---

① 在浙江省检察机关近年来立案侦查司法工作人员相关职务犯罪案件中，依据大数据侦查、讯问已经是一种高质效办案的重要方法，数据锁定法在讯问中得到有效运用。大多数案件中犯罪嫌疑人都是在首次讯问时就坦白了主要犯罪行为，且由犯罪嫌疑人自写第一份供词的比例越来越高。

示的讯问方式，能够使犯罪嫌疑人按照检察人员讯问的方向、节奏"配合式"地交代相关违法犯罪问题。这样的讯问模式下，检察人员对犯罪嫌疑人的讯问语言会比较简单、明了，犯罪嫌疑人就相关问题的坦白也会比较快速、集中，首次讯问笔录也更为完整。

三、释法说理法

经过立案审查，对于数据、证据完整的机动侦查案件，特别是对有一定身份、平时表现良好、性情平和的中青年犯罪嫌疑人，比较适合释法说理的讯问方法。这些犯罪嫌疑人大多学历高、爱虚荣、怕有事，对自己的罪错既有自怨自艾的一面，也有侥幸逃避的一面，考虑到声誉、家庭、前程可能被毁于一旦，必然会出现患得患失、左顾右盼的矛盾心理。这就需要检察人员从其身边人、身边事出发，从正反两方面特别是反面典型加强对其法律、政策、道德、伦理、人性的警示教育、心理疏导，让其面对现实、摆正位置，在权衡利弊中抓住对自己、对家庭、对未来影响最小的坦白认罪机会，在弃暗投明中检举揭发其他人的违法犯罪行为。实践中，对罪行相对比较轻和涉足未深的犯罪嫌疑人，在传唤前应当给其主动投案自首的机会；由于各种原因错过这样的机会，在首次讯问时也应当再给其认错悔罪的机会，教育其要珍惜宝贵机会、为适用认罪认罚从宽制度争取主动。这一方法同时可以在其他讯问方法中重叠、交叉使用。

实践中有这样的讯问案例：

检察官：我们了解到，你是一个有能力、有个性的人，知道应当如何把握好自己的未来。

犯罪嫌疑人：谢谢你们的肯定。落到今天的地步，我无地自容。

检察官：到了今天的地步，你应当知道能够挽救你的没有其他人，只有你自己。这段时间，发生在你身边的事情不少，反面的不说，正面的，你应当是知道的。

犯罪嫌疑人：我知道，这一天迟早会到来。这段时间，我一直在犹豫、在试图解脱，就是下不了决心坦白自己的罪行。

检察官：你今天的态度就不错。虽然在法律上已经失去投案自首的机会，但是仍然可以走认罪认罚从宽的路子。我可以简单地给你讲一下什么是认罪认罚从宽制度……

犯罪嫌疑人：谢谢检察官，你们对我苦口婆心、用心良苦。现在，我知道了这是我必须抓住的最后一次从宽处理的机会，我愿意坦白自己的全部罪行。

检察官：你是一个有文化的人。对你刚才的态度，法律上是肯定的，我们整个过程也都已经同步录音录像。我们希望，你自己亲笔写一份材料，这对你的依法处理更有利。

四、道德感染法

任何人都存在人性的两面性，尽管所有的犯罪都是反人类、反社会、反道德的异常行为，但是，并不表明任何犯罪人的人性已经彻底泯灭、无药可救。不然，对罪犯的教育改造就变得没有任何意义了。机动侦查案件的犯罪嫌疑人是国家机关工作人员，既有家庭对其成长长期无微不至的关爱，更受到党和人民长期的教育培养，感恩之心是存在的，在工作中也有一定的职业修养，在生活中也会有一定的道德素养。国家机关工作人员利用职权实施了重大犯罪行为，并不等于彻底泯灭其尚存的道德良知，尤其是其对长期关心、培养的组织和领导，生其、养其长大成人的父母，以及更为牵挂的配偶、子女。对他们而言，主要的心理负担是，因自己的犯罪给亲人带来灾难、带来痛苦，而产生强烈的自责心理；还有一些犯罪嫌疑人还存在嫖娼、赌博、情人、私生子、性病等违反法纪、不道德的行为，更担心被曝光后自己名誉扫地、给家庭带来奇耻大辱，有负罪感的同时又有内疚感，在接受讯问时显得心神不安、态度消沉，有明显的心理包袱。对这样的犯罪嫌疑人要善于解开其心理"死结"，让其恢复良知、平衡心理，认识到只有勇于承认罪错、承担责任，才是救赎自己、保护家人、报答恩人的唯一出路。讯问中，可以让其知晓最牵挂的人和事的真实状况，如播放事先采集的有关人员的视频、宣读家人等的书信等，对其病痛给予人道主义关怀，以道德的力量教育、感化、挽救他，促使他解开心结、认罪认罚。如在一件某法官涉嫌诈骗犯罪案件中，该法官与其女儿感情很好。在该法官被立案采取刑事拘留措施后，其女儿仍然给其微信留言表达想念和担心。当该法官在审讯中陷入犹豫动摇的时候，审讯人员适时向其出示、宣读其女儿的微信亲情留言，并施以释法说理，促使该涉案法官放下心理包袱，自觉地交代了其利用职权实施重大诈骗犯罪的事实，真诚表示愿意接受法律的惩罚。

五、分化瓦解法

实践中，检察机关在机动侦查中，要充分运用分化瓦解、各个击破、亲近化解、化敌为友，制造矛盾、引起错觉等各种攻心计谋、离间策略，善于从犯罪嫌疑人阵营内部打开缺口，让犯罪同盟自乱阵脚，促使犯罪嫌疑人既积极配合检察机关的讯问活动，交代自己的犯罪问题，也勇于检举其他人的违法犯罪问题，戴罪立功。如在一件公安民警伙同律师实施诈骗犯罪的系列案中，该公安民警在多起案件中对明知可以取保候审的犯罪嫌疑人，仍然以争取为其办理取保候审为幌子，强行要求犯罪嫌疑人聘请其指定的律师作为案件代理人，并向指定律师支付高额的所谓代理费，事后该公安民警与律师分赃。在本系列案中，该公安民警在不同的案件中分别与两名律师共同实施了诈骗行为（两名律师互不知情），并且该公安民警与两名律师设定的分赃比例严重不均。检察机关对该3人立案后，利用该公安民警"厚此薄彼"的做法，成功瓦解了其中一名律师，迅速获取了共同实施诈骗犯罪的有罪供述，为顺利突破全案打开了缺口。

实践中有这样的讯问案例：

检察官：你认为，你同某警察的交情如何？

甲律师：应当是不错的。我们俩既是老乡，又是高中同学，他老婆以前在我们所里工作，他俩还是我做的媒。

检察官：哦。原来是这么好的关系！那么，他把这个案件交给你来做，是对你业务的支持了？你没有给他一点什么好处？这个问题很重要，你要知道法律后果，必须老老实实回答。

甲律师：反正我按他的意思接了这个案件，所里与犯罪嫌疑人家属签订了委托协议。我记得，我自己实际只得了十来万元。（回避交易问题）

检察官：天上从来不会掉馅饼。你是律师，这个道理应当是懂的。据我们调查，你们之间有交易，还有口头分成约定。是多少，你自己说吧。

甲律师：（沉默）

检察官：你可以想想，想得明白些再告诉我们。反正这样的交易，你们已经不止一次；这个警察与其他律师的交易也不止一次。我们警告你，现在，你的态度很重要。

甲律师：我想想，我想想。

检察官：乙律师，你认识吧。

甲律师：我知道我们市里有这样一个律师，听说乙律师很会拉关系的。

检察官：我可以明确属实地告诉你（重复，加重语气）。这个会拉关系的律师，他从这个警察身上接了不少情况差不多的案件。人家称兄道弟，收入的分成可比你高多了。看来，你在这个警察眼中地位不高啊，你不过就是他谋取利益的工具而已。现在你看着办，是自己救自己，还是别人来救你。

甲律师：（惊讶片刻、吞吞吐吐）我也是原来他的老婆介绍认识这个警察的，后来听说他老婆不满意家庭条件就离婚了。我感觉到，这个警察是比较势利、吝啬的，所以他介绍我做的案件他总是拿大头，对我这样业务不精、不善交际的小律师，只能忍气吞声、无可奈何。我对他这么好，而他对我这么差，这是对我人格的侮辱（表现出激动、愤怒），这口气我实在咽不下去。那我就把知道的他的丑事全部说出来。

检察官：好。这样的态度就对了。不过，你不要意气用事，还是要理性，实事求是地先把你们之间的违法交易全部讲清楚。

六、高压震慑法

这是比较少用的兜底的讯问方法。应当说，作为国家机关工作人员，机动侦查案件的犯罪嫌疑人完全明白反腐败斗争的高压态势，完全知道党和国家的反腐败斗争的方针、政策，也完全知道正反两方面的典型腐败案件，有的还发生在自己的单位、行业、系统，是自己的上级、同事、朋友；而对于自己利用职权实施的重大犯罪给国家、社会、他人造成的严重危害也有清楚的认识，对案件可能随时被发现、被查处也应当有所预料，有的还在案发前实施了一系列反调查、反侦查的行为。所以，犯罪嫌疑人深知"伸手必被抓"的道理，也深知检察机关没有确实的证据是不可能将公安机关管辖的案件拿过来自己立案侦查的。然而，总是有少数极其顽固的犯罪嫌疑人在被检察机关依法传唤接受讯问时，以为"嘴巴一闭、有事全无"，死扛一段时间就能蒙混过关。对此，检察机关不仅要进一步通过调查取证、鉴定检查等收集更丰富的证据，必要时依法采取技术侦查措施，使证据形成完整的证据链、强大的证明力，增强讯问的攻击力、丰富讯问的突破路线和方法；更重要的是组成强大的讯问团队，以零口供为底线，以过硬的数据、证据为依托开展高压式、紧逼性的讯问，明确告诉犯罪嫌疑人不承认、交代犯罪，首次讯问十二小时之后就是刑事拘留，刑事拘留期限结束就决定依法逮捕，在办案环节上绝对不给犯罪嫌疑人无理辩解的机会。同时，讯问全过程实行高清画面的同步录音录像。充分考虑到首次讯问之后立刻采取刑事拘留强制措施的方式，如是否采取异地羁押措施、是否依规使用特情、后续的强制措施是决定逮捕还是采取指定居所监视居住等。总之，对这类极少数的犯罪嫌疑人的讯问，必须有攻坚克难的充分准备和攻无不克的坚强意志，以讯问层层增压、方法内外统筹、强制措施到位，以刚性强力度、积小胜为大胜，务必持之以恒、久久为功，最终赢得讯问的全面突破。

第九章 主要的法定侦查措施

立案之后，法律规定的所有调查取证手段都可以依法应用。非强制性的调查取证方式是立案前后都可以进行的常规的调查核实方式，如向证人调查取证、调取公开资料、进行鉴定等；技术侦查、辨认、通缉等特别侦查手段在机动侦查案件中并不常用。本章主要对机动侦查案件常用的法定侦查措施进行介绍。

第一节 搜 查

《刑事诉讼法》第一百三十六条至第一百四十条以专节规定了搜查这一特殊的强制性侦查措施。《刑事诉讼法》第一百三十六条明确"为了收集犯罪证据、查获犯罪人，侦查人员可以对犯罪嫌疑人以及可能隐藏罪犯或者犯罪证据的人的身体、物品、住处和其他有关的地方进行搜查"，规定了搜查的目的、范围和实施搜查的主体。搜查是一种具有强制性、威慑力的侦查措施，要严格依法进行：除了紧急情形，检察侦查人员在执行拘留、逮捕时要持由检察长签发的搜查证；开展搜查时，应当有被搜查人或者其家属、邻居或者其他见证人在场；搜查妇女的身体，应当由女工作人员进行；应当制作专门的搜查笔录等。《人民检察院刑事诉讼规则》第二百零二条规定："人民检察院有权要求有关单位和个人，交出能够证明犯罪嫌疑人有罪或者无罪以及犯罪情节轻重的证据。"检察侦查人员在开展搜查工作时，要向有关单位和个人讲明，"交出可以证明犯罪嫌疑人有罪或者无罪的物证、书证、视听资料等证据"是他们承担的一项法定义务，确保搜查工作顺利进行。

为了规避法律、逃避打击，犯罪嫌疑人在实施犯罪过程中会进行一系列掩盖真相，毁灭或者转移物证、书证、视听资料等反调查、反侦查活动，必定会给调查取证工作造成困难。实践中，机动侦查案件的主要证据一般存在于犯罪嫌疑人能够高度控制的场所，如办公室、住宅以及特殊关系人的私人空间，常见载体包括电脑、手机以及其他通信工具等。通过一般性的调查取证手段是很难获得这些证据或者存储载体的，只有通过搜查深入"虎穴"，才能起获揭露、证实犯罪的高度隐蔽性、关联性证据。机动侦查中适用搜查措施，要注意以下三个方面。

一、增强每案必搜查意识

绝大多数刑事犯罪的犯罪事实、犯罪结果以及犯罪证据呈开放的状态，通过常规的侦查措施能够完成调查取证、认定案件的任务，便没有必要采取搜查措施。而机动侦查案件则不同，其犯罪的事实、结果、证据很多处于隐性状态，而且机动侦查的案件往往有利益关系人，因此，对"可能隐藏罪犯或者犯罪证据的人的身体、物品、住处和其他有关的地方进行搜查"十分必要。检察机关的机动侦查工作中增强采取搜查措施的法治自觉，有助于提高办案质效。

二、强调及时搜查原则

及时性是侦查的重要特征。侦查活动是同时间赛跑的工作，任何证据都可能因为错失时机而被灭失、转移，对于机动侦查案件而言，由于重要证据隐藏深、变数大，更要坚持及时搜查原则。本书在阐述讯问工作时已经强调，讯问工作要与搜查工作同步，在传唤犯罪嫌疑人接受讯问的同时，就应当开始对其办公室、住宅和其他有关场所进行搜查，并提取有关书证、物证、视听资料，对相关赃款赃物、证据载体进行扣押。其目的是，既防止因为搜查不及时，相关罪证、赃物被与案件有利害关系的人员毁灭、转移，给侦查活动造成被动，又能够通过搜查获取更多的隐蔽性证据、隐私材料及其他相关信息，增强讯问的针对性、有效性。

三、遵循一次性兜底搜查规则

所谓一次性兜底搜查规则，即是指侦查人员在开展搜查工作时应当对任何与犯罪有关的场所进行无死角的一次性搜寻、检查，凡是与案件有关的物证、书证、视听资料、旁证材料等，都要纳入搜查范围，并在搜查笔录中分类登记注明，尽可能避免对同一场所开展第二次搜查。实践中，一些案件在开展搜查工作时，只强调收集事先确定的大概的证物，而忽视搜查过程中发现的其他证物和隐私材料，缺乏应有的灵活性，会严重影响讯问工作乃至整个侦查工作的深入开展。如果对同一现场重复开展第二次搜查，不仅难以获取原始的物证、书证等证据，也会影响检察侦查工作的权威性、公信力。所以，检察侦查人员在开展搜查时，不能受事先确定的搜查重点的限制，更不能受有义务提供证物人员意志的左右，而要有开放性的独立判断的意识和能力。搜查中一定要反应敏捷、随机应变、周到细致、一丝不苟，不放过任何蛛丝马迹，不放过任何合理怀疑，务必做到搜查工作"最多跑一次"，一次性穷尽。搜查工作要严格依法进行，吸收相关人员参与、见证，检察机关对搜查全过程应当进行同步录音录像。

第二节　查封、冻结、扣押

《刑事诉讼法》第一百四十一条至第一百四十五条专门设立了"查封、扣押物证、书证"一节，对查封、扣押、查询、冻结等强制性侦查措施作了明确规定。机动侦查的案件是有犯罪结果的重大刑事犯罪案件，无论是案件事实形态还是证据形态，都有明显的客观性特征。机动侦查案件中的客观性证据既表现为大多是原始证据、直接证据，又表现为大量的专门性、隐蔽性证据，对于证实犯罪有着关键性、决定性的作用。面对这样的证据状态，就特别需要把查封、冻结、扣押等侦查措施放在整个侦查活动的优先位置，并贯彻在侦查活动全过程。查封、冻结、扣押等侦查措施既要严格依法适用，也要充分适用，围绕调查取证重点，有目的地实施。

一、查封、扣押物证、书证

根据《刑事诉讼法》第一百四十一条的规定，检察机关在适用机动侦查权的案件中，对发现的可用以证明犯罪嫌疑人有罪或者无罪的各种财物、文件，应当查封、扣押；对案件无关的财物、文件，不得查封、扣押。可见，查封、扣押的财物、文件必须与案件有直接的关联，是作为证明有罪或者无罪的物证、书证使用的，与案件无关的财物、文件不具有证据属性、证明价值，不属于查封、扣押的范围。检察侦查人员要严格甄别财物、文件与案件的关联性，确保查封、扣押的财物、文件属于证据的范畴，对有罪或者无罪、罪重或者罪轻、此罪或者彼罪、一罪或者数罪等有着法律上的证明作用。

机动侦查活动中，查封、扣押物证、书证要注意把握好以下几点：第一，坚持必要性原则。所谓必要性，是指用其他的调查取证方法无法获取相关的证据，只能采取查封、扣押财物、文件的方式。如涉嫌实施犯罪现场、藏匿大宗赃物的房屋（房间），犯罪嫌疑人的独立办公室、办公设备，以及其他与案件有直接关联的不能移动或者不易移动的物件，就必须依法采取查封措施；又如对犯罪嫌疑人使用的手机、电脑、保险柜、笔记本等就必须依法采取扣押措施。凡是可以用其他调查取证的方式完成收集证据任务的，则不主张采取查封、扣押的措施；与案件没有关联性的财物、文件，应当排除适用查封、扣押措施。第二，坚持有限性原则。查封、扣押财物、文件是一种临时性措施，采取措施期间必然影响被查封、扣押财物、文书的正常流动、使用，而查封、扣押的主要目的就是调查收集证据，一旦目的的达到，查封、扣押措施即应当依法及时解除。办案中，检察侦查人员对被查封、扣押的财物、文件不仅要妥善保管或者有效封存，更要按照证据类别和证据合法性要求，依法及时做好证据的提取、固定、转换、检测、鉴定等工作。原则上，在侦查终结之前，应当依法解除查封、扣押措施，坚决避免出现一"查"到底、以"扣"代侦等滥用查封、扣押强制性措施的乱象。对于犯罪嫌疑人使用的办公设备、办公用品、工作笔记、公用车辆以及会议记录等，更应当在完成证据化工作后，及时解除查封、扣押措施。第三，坚持规范性原则。《刑事诉讼法》第一百四十二条对查封、扣押财物、文件专门作了"应当会同在场见证人和被查封、扣押财物、文件持有人查点清楚，当场开列清单一式二份，由侦查人员、见证人和持有人签名或者盖章，一份交给持有人，另一份附卷备查"的规定。实践中，见证人通常是犯罪嫌疑人所在单位的工作人员，而持有人则应当是财物的所有权人、文件的管理人员或者其他有经营、管理权限的人员。检察侦查人员应当在现场主持三方共同清点，制作查封、扣押清单，共同签名或者盖章，做到对查封、扣押清单的真实性、全面性、正当性无异议，既能有效保证以查封、扣押措施调查收集的证据的合法性、证明力，也能有效加强对查封、扣押物品、文件的规范管理、处理。

二、扣押邮件、电报

根据《刑事诉讼法》第一百四十三条的规定，检察侦查人员开展机动侦查工作时，认为需要扣押犯罪嫌疑人的邮件、电报的时候，经批准即可通知邮电机关将有关的邮件、电报检交扣押；不需要继续扣押的时候，应立即通知邮电机关。这是从严格落实公民有通信自由和通信秘密保护的宪法规定出发，对侦查活动中与案件有关联的有证据价值的邮件、电报的扣押作出的特别规定。

需要注意的是：第一，扣押的只能是与案件相关联的由邮政企业寄递的邮件、电报，如信件、包裹、印刷品、汇款凭证等，而不能扩展到其他的物品、文件，如运输企业托运的物品、快递公司的快递物品等。这是因为邮件、电报实行的是国家专营，有专门的国家管理机关，侦查人员实施扣押时，只要经过批准就可以通知邮电机关将有关邮件、电报检交扣押，也即邮电机关有条件、有义务协助侦查机关依法扣押有关邮件、电报。对其他财物、文件的扣押只能由侦查机关进行。办理机动侦查案件中，必要时应当通知邮电机关查询犯罪嫌疑人相关的邮件、电报情况，并视情依法采取扣押措施。第二，被扣押的邮件、电报是作为证据使用的，应当由侦查人员负责被检交扣押的邮件、电报的证据性审查，相关邮电机关、企业配合。这涉及此类特殊调查取证程序的合法性问题，不可以将侦查职责转移给其他单位、个体履行。一般来讲，检察侦查人员应当将被扣押的邮件、电报内容与其他证据结合起来确认其是否有关联性、证明力，并依法转换为法律规定的有关证据形态。第三，在被扣押的邮件、电报已经转化为证据类型或者相关证明内容已经查清，或查实与本案没有关联性的情况下，检察侦查人员应当通知邮电机关解除对相关邮件、电报的扣押。在对机动侦查案件立案侦查过程中，只有出现犯罪嫌疑人有通过邮件转移赃款赃物、书证物证，或者通过电报等手段订立攻守同盟、制造伪证、实施串供、威胁证人等反调查、反侦查活动的重大嫌疑时，才有必要实施扣押邮件、电报的措施，并及时转化为规范的证据形式，尽可能减少对相关人员通信自由和通信保密的影响。对扣押邮件、电报中涉及国家机密（办案机密）、商业秘密、个人隐私的，检察侦查人员要严格做好保密工作。

三、查询、冻结犯罪嫌疑人财产

根据《刑事诉讼法》第一百四十四条的规定，检察侦查人员根据侦查犯罪的需要，可以依照规定查询、冻结犯罪嫌疑人的存款、汇款、债券、股票、基金份额等财产，有关单位和个人应当配合；已经被冻结的，不得重复冻结。一般来讲，在涉财产型的职务犯罪案件侦查中，查询、冻结较为常用。侦查机关采用这种强制措施的主要目的：一是获取更隐蔽、专业的证据。存款、汇款、债券、股票、基金份额的凭证本身就是证实特定犯罪行为、犯罪结果的直接证据、原始证据，对揭露、证实犯罪事实有着重要作用。二是有效防止犯罪嫌疑人涉案财产的非法转移、毁损、隐匿，有效避免、挽回、减少因犯罪造成的损失。三是深挖犯罪、扩大犯罪线索。因为与案件关联的存款、汇款、债券、股票、基金份额等记录、存取、交易等必须经过专业管理机构或者专门规定程序，会出现相关当事人且全程留痕，因而，在查询、冻结之后开展的调查核实中能够发现新的关联事实和线索，对于深挖犯罪、扩大战果有着重要指向作用。与此同时，依法及时通过查询、冻结犯罪嫌疑人的财产，还能够为讯问工作提供更加丰富的客观性、内在性的可靠依据，有利于讯问活动有的放矢地进行，形成讯问与调查之间供证内外互动、相互促进的良性循环。

从近年来办案实践看，大多数机动侦查案件是国家机关工作人员利用职权实施的重大涉财犯罪案件，如盗窃、诈骗、敲诈勒索、组织卖淫犯罪，甚至出现公安民警利用职权实施抢劫犯罪（个别非国家机关工作人员与国家机关工作人员利用职权实施的重大犯罪构成共同犯罪，检察机关一并以机动侦查案件立案侦查），检察机关在立案侦查这些机动侦查案件中，对犯罪嫌疑人的有关存款、汇款、债券、股票、基金股份等及时采取查询直至冻结措施是必要的。办案中，重点是查询犯罪嫌疑人的银行存、付款，支付宝资金流水，微信转账记录等，并对犯罪嫌疑人的相关账号进行冻结。查询工作会涉及犯罪嫌疑人的财产秘密，冻结财产会影响犯罪嫌疑人及其近亲属对财产的使用乃至关联企业正常生产、经营活动，实践中，检察侦查人员要从以下几个方面严格把握：

第一，要合理把握"根据侦查犯罪的需要"。立案侦查的犯罪案件总是特定的，对机动侦查案件而言，由于犯罪嫌疑人是国家机关工作人员，必然有确定的有关国家机关、固定的住所和工资、医疗、保险等行业统一委任的管理机构，即使个人、家庭另有资产委托管理，一般也纳入公职人员重大事项的报告范围。就检察机关立案侦查的机动侦查案件而言，犯罪嫌疑人的财产状况总体上是透明的、可查的，要慎重把握"根据侦查犯罪的需要"的情形。主要是：（1）作为无法替代的书证或者无法替代的鉴定材料，必须通过查询、冻结的调查手段来获取；（2）有证据反映，犯罪嫌疑人有隐蔽、转移赃款、赃物的重大嫌疑，需要对犯罪嫌疑人的相关存款、汇款、债券、股票、基金份额等进行查询甚至冻结；（3）有证据证明犯罪嫌疑人有异常的账号，如长期隐瞒不报的基金份额账号，收入、支出明显超出其正常收益的账户，与其他犯罪团伙资金来往的专用账户等。无论是调查收集证据，还是防止赃款转移、减少损失，检察侦查人员都应当及时采取查询、冻结措施。需要指出的是，通过查询犯罪嫌疑人的财物提取证据或者由有关单位出具规范性书面证明材料，就能够达到调查取证目的的，一般不采取冻结措施，把采取冻结措施放到最有必要的时候。

第二，要正确确定查询、冻结财产的范围。根据刑事诉讼法的规定，侦查机关人员查询、冻结的只能是犯罪嫌疑人的财产。也即在机动侦查案件中，检察侦查人员依法只能对属于犯罪嫌疑人的财产以及与犯罪有直接关联的财产采取查询、冻结措施，而不能对不是犯罪嫌疑人的财产、与犯罪没有关联的财产实施查询、冻结措施。这就需要检察侦查人员事先对犯罪嫌疑人的财产状况进行全面、准确的调查核实，确保查询、冻结措施准确无误。在严格执行存款实名制和重大事项报告制度的情况下，对犯罪嫌疑人财产的调查核实工作总体上是方便的。需要警惕犯罪嫌疑人以化名、假名、洗钱等异常方式处理财产。犯罪嫌疑人为了防止犯罪行为被发现、被制裁往往把与案件有关的非法财产直接或者通过他人转移、隐匿、掩饰。这些涉案财产均属于可依法查询、冻结的范围。

第三，要严格依照规定进行。由于查询、冻结是对犯罪嫌疑人的财产权在一定期限内的一种限制性甚至禁止性处分的措施，需要严格依照规定进行。从立法精神和实际情况看，"依照规定"是指依据法律、法规、司法解释的规定，也包括侦查机关与相关部门依据法律制定的更具可操作性的联合规定。① 检察侦查人员在办理机动侦查案件时，要严

---

① 如2014年银监会、最高人民检察院、公安部、国家安全部共同制定的《银行业金融机构协助人民检察院公安机关国家安全机关查询冻结工作规定》，2008年最高人民法院、最高人民检察院、公安部、中国证券监督管理委员会印发的《关于查询、冻结、扣划证券和证券交易结算资金有关问题的通知》等。

格依据规定实施查询、冻结措施，其中采取冻结措施的应当经检察长批准，有关单位要认真履行配合的法定义务。对已经被依法冻结的财产禁止重复冻结。根据《人民检察院刑事诉讼规则》第二百一十三条的规定，检察机关可以轮候冻结[①]，要求有关银行或者其他金融机构、邮政部门在解除冻结或者作出处理前通知人民检察院，防止前一轮冻结手续失效或者被解除后检察机关不知情未及时跟进新一轮冻结措施，导致犯罪嫌疑人的财产被非法转移、处分。根据《人民检察院刑事诉讼规则》第二百一十四条的规定，对被冻结的债券、股票、基金股份等财产，为避免造成损失，经权利人申请，检察机关可以在案件办结前依法出售或者变现，所得价款由人民检察院指定的银行账户保管。在保值财产出现确需出售、变现时，也要严格依规定处理。经查，被冻结的财产确实与案件无关，检察侦查人员应当根据《刑事诉讼法》第一百四十五条的规定，在三日内解除冻结措施。

第三节　查询、调取内部资料

由于机动侦查工作有着较强的秘密性，在立案审查阶段，对涉及国家机关工作人员利用职权实施重大犯罪的一些内部信息、资料、档案不便获取，需要在立案侦查活动中不失时机地开展针对性的调查取证工作。具体而言，主要涉及以下几个方面。

一、全面了解犯罪嫌疑人及其社会关系的情况

通过向干部管理部门查阅、调取档案等方式全面了解犯罪嫌疑人的成长经历、工作履历、婚姻状况、家庭情况；通过纪检监察机关、公安

---

① 轮候冻结是指犯罪嫌疑人的财产或相关财产已被其他办案机关冻结的情况下，向金融机构等单位办理轮候冻结登记，一旦其他办案机关解除冻结，登记在先的轮候冻结自动生效。

机关、法院，了解犯罪嫌疑人是否受纪律、法律处分以及是否参加诉讼；有疾病嫌疑的，向有关医疗机构了解犯罪嫌疑人病情、治疗等情况。与此同时，要进一步了解犯罪嫌疑人近亲属就业、就学、就医等情况，以及家庭关系、主要社会关系等，确保对犯罪嫌疑人个人及其近亲属的工作、生活情况了如指掌，从而更有针对性、灵活性地开展侦查工作。

二、精准确定犯罪嫌疑人的职权

通过查询干部（人事）档案、任免文件，调阅犯罪嫌疑人所在单位工作人员规范的岗位职责、工作分工，进一步明确犯罪嫌疑人作为国家机关工作人员确定无误的岗位职务、职能、职责，为证实犯罪嫌疑人利用职权实施的重大犯罪的客观行为和客观行为与犯罪结果之间的刑法意义上的因果关系，提供法律、政策依据。

三、深入掌握与案件相关的专业资料

国家机关工作人员利用职权实施的重大犯罪案件涉及面广、类型多，一些案件发生在专门的领域，如涉嫌走私犯罪、招投标领域犯罪、金融（保险）领域犯罪、新型网络犯罪等。要高质效办好案件，检察侦查人员就需要通过查询、调取相关部门、行业信息、资料，向有关专家咨询、请教等，才能掌握与犯罪领域相关联的专业知识、行业惯例、技术规程。这对开展有针对性的调查取证、对案件准确分析定性、提高侦查活动的质效，都是有益的。

第十章　强制措施的适用

　　刑事诉讼中有拘传、拘留、取保候审、监视居住、逮捕等五种强制措施。在机动侦查中，这五种强制措施都有独立或者先后适用的可能。其中，拘传与讯问工作有关，是强制未被羁押的犯罪嫌疑人到案接受讯问的一种基本手段，是强制措施中最轻微的一种，通常也是最先适用的强制措施。检察机关根据案件实际情况，可以对犯罪嫌疑人进行拘传。这种强制措施适用时间短，一次性传唤不得超过十二小时；案情特别重大、复杂，需要采取拘留、逮捕措施的，时间不得超过二十四小时；不得以连续传唤的方式变相拘禁犯罪嫌疑人。拘传主要以服务和保障讯问的及时性、安全性、有效性为目的，对整个办案的程序与实体并没有特殊的影响力。取保候审、监视居住则是不限制犯罪嫌疑人人身自由的自律性、约束性的强制措施，一般只适用于犯罪情节轻微、社会危害不大、主观恶性较轻的犯罪案件，对于属于重大犯罪案件的机动侦查案件，适用上并不普遍。本章讨论的主要是拘留、逮捕以及监视居住的特殊方式——指定居所监视居住等强制措施。

第一节　拘　留

　　刑事诉讼中的拘留，是指检察机关在立案侦查过程中对于情况紧急的现行犯或者重大犯罪嫌疑人依法临时限制其人身自由的一种强制措施。对于机动侦查而言，由于案件属于国家机关工作人员利用职权实施的重大犯罪案件，一般来讲，首次讯问结束之后就应当对犯罪嫌疑人采取拘留措施。根据《人民检察院刑事诉讼规则》的规定，机动侦查案件应当由立案侦查的设区的市级人民检察院决定对犯罪嫌疑人进行拘留。作出拘留决定后，应当依法交由公安机关执行。检察机关应当在二十四小时内对犯罪嫌疑人进行讯问，通知犯罪嫌疑人的家属，告知犯罪嫌疑人有进行辩护和委托律师提供法律咨询的权利。执行拘留的最长时间一般为十四天，经批准延长最多为十七天。

在检察侦查实践中，拘留几乎是立案侦查职务犯罪案件的必经程序，在适用强制措施、持续开展讯问中有着承上启下的重要作用。正确适用拘留这一强制措施，重要的是要坚决克服"以拘代侦"的错误认识，从侦查活动的整体上着重把握以下三点：第一，要把适用拘留这一强制措施作为增强讯问力度的重要策略。犯罪嫌疑人大多有只要自己不承认犯罪、熬过首次讯问十二小时就可以蒙混过关的侥幸心理，所以，检察侦查人员在对犯罪嫌疑人实施首次讯问时，必须做好十二小时之后决定是否刑事拘留的问题。尤其是对抗拒气焰嚣张的犯罪嫌疑人，不论其是否供述犯罪，都必须有首次讯问之后即决定拘留的决心，以实施拘留的坚定决心增强讯问的底气，不给犯罪嫌疑人再有侥幸的机会。拘留执行期内和期满与其他强制措施的衔接过程，同样也是深化、扩大讯问成果的重要时机，要灵活运用刚柔相济的侦查策略。第二，要选择最有利于羁押犯罪嫌疑人的看守所。应当在设区的市范围内，确定将犯罪嫌疑人执行拘留在最适合的看守所。从实践看，对犯罪嫌疑人执行拘留一般不宜在其单位所在地的看守所，应当从方便讯问犯罪嫌疑人和有利于讯问犯罪嫌疑人出发确定执行拘留的看守所。个别特殊情况下，执行拘留可以通过化名羁押、异地羁押的方式。其主要目的是把有限的拘留时间转化为检察机关深入开展调查取证、持续开展有效讯问的黄金时间，让对犯罪嫌疑人实施拘留过程成为侦查活动最佳的诉讼阶段。第三，要做好拘留期满后与其他强制措施的衔接。针对犯罪嫌疑人实施犯罪的严重程度和认罪态度，要从侦查活动的整体上把握，谋划好拘留期结束之后的其他强制措施。一般来讲，如果罪行特别重大，无论犯罪嫌疑人认罪态度如何，拘留期满后都应当对犯罪嫌疑人实施逮捕措施；少数情况下，犯罪的社会危害性已经降低，犯罪嫌疑人有自首、立功及其他从轻情节，也可以考虑拘留期满后采取不限制人身自由的其他强制措施。对于涉嫌共同犯罪的机动侦查案件，拘留期满后强制措施的适用应当与认罪认罚从宽制度结合起来，充分运用宽严相济刑事政策，紧紧抓住趋利避害的大众心理，在巩固、完善证据体系，扩大办案规模、效果的基础上，对刑事拘留期届满的犯罪嫌疑人的其他强制措施采取区别对待、灵活运用的策略，选择适用更加贴近侦查谋略的强制措施。

第二节 逮 捕

《刑事诉讼法》第八十一条规定，对有证据证明有犯罪事实，可能判处徒刑以上刑罚的犯罪嫌疑人，采取取保候审尚不足以防止发生社会危险的，应当予以逮捕。逮捕是最严厉、时间最长的一种限制犯罪嫌疑人人身自由的强制措施。根据法律规定，逮捕后的羁押期限（包括最多经批准的两次延长羁押期限）最长可达七个月。逮捕可以有效防止犯罪嫌疑人逃跑、串供、自杀、毁证、打击报复、继续犯罪、增加社会危害性等，确保刑事诉讼活动的顺利进行。

检察侦查中要做到案件的高质效侦查与对犯罪嫌疑人人权的有效保护相统一。这从根本上就是要彻底摆脱长期以来"以捕代侦"的错误的侦查意识和办案路径，还原逮捕的法律属性和功能，严格认识和把握一般逮捕的适用条件。①

---

① 根据《刑事诉讼法》第八十一条第三款的规定，有三种径行逮捕的情形；根据第四款的规定，对犯罪嫌疑人违反取保候审、监视居住规定，情节严重的，有转为逮捕的可能；侦查理论上主要讨论一般逮捕条件的认定与适用。参见陈国庆主编：《司法工作人员职务犯罪侦查与认定》，中国检察出版社2019年版，第134—140页。

一、逮捕的三个法定条件是一个有机统一体

适用逮捕措施应具备三个法定条件：第一，"有证据证明有犯罪事实"。主要包括有证据证明已经发生了犯罪事实，即犯罪事实是确定性的刑法意义上的具有社会危害性的事实；有证据证明这样的犯罪事实是犯罪嫌疑人实施的，排除其他人犯罪的合理怀疑；由犯罪嫌疑人实施犯罪事实的证据已经被查证属实。第二，"可能判处徒刑以上刑罚"。这是逮捕的刑罚条件。按照强制措施的强度与涉嫌犯罪行为的严重程度相适应的比例性原则，作为最严厉的强制措施应当针对的是本案中"可能判处徒刑以上刑罚"的犯罪嫌疑人。如果犯罪嫌疑人的犯罪行为不可能被判处徒刑以上刑罚的，适用逮捕措施就不合适。从机动侦查案件办案实践看，涉嫌犯罪的国家机关工作人员因为是利用职权实施的重大犯罪案件，肯定具备"可能判处徒刑以上刑罚"的条件。需要注意的是，要认真审查犯罪嫌疑人是否有投案自首、检举立功、兑现政策的特殊情形，确保适用逮捕措施与可能判处刑罚之间没有例外。第三，有社会危险性。这是逮捕的核心条件。结合2012年以来立法、司法解释和实际情况，《人民检察院刑事诉讼规则》第一百二十九条至第一百三十三条对五种社会危险性情形作了明确规定，即"可能实施新的犯罪""有危害国家安全、公共安全或者社会秩序的现实危险""可能毁灭、伪造证据，干扰证人作证或者串供""可能对被害人、举报人、控告人实施打击报复""企图自杀或者逃跑"等。[①]　我们必须充分认识到，适用机动侦查的案件既具有职务犯罪的属性，又具备重大刑事犯罪的特征，一般来讲，犯罪嫌疑人实施有社会危险性行为的有利条件多，可能性会更大。同时，犯罪嫌疑人

---

① 童建明、万春主编：《〈人民检察院刑事诉讼规则〉理解与适用》，中国检察出版社2020年版，第69—73页。

的认罪认罚是评价其是否具有社会危险性的重要考量因素①，机动侦查案件的犯罪嫌疑人是国家机关工作人员，其对犯罪的反省悔改、认罪认罚存在更积极的主观基础。因此，检察机关在侦查过程中，对于犯罪嫌疑人的"社会危险性"应当结合案情、案件背景与犯罪嫌疑人的一贯表现作出合理认定，在确保不会发生"社会危险性"的前提下，在适用逮捕强制措施中认真衡量必要程度。

二、决定和执行逮捕

对于机动侦查案件，检察机关掌握着适用逮捕强制措施的主动权，决定逮捕是最重要的环节，必须经检察长或者检察委员会批准。需要特别强调三个方面的重点问题：第一，检察侦查部门对犯罪嫌疑人的社会危险性承担举证责任。对普通的刑事案件，应该由公安机关等侦查机关承担对逮捕核心条件的社会危险性的举证责任，而对于检察机关"跨界"管辖的机动侦查案件，则应当由检察侦查部门承担举证责任。检察侦查人员在开展侦查活动过程中，要充分重视收集证据证明犯罪嫌疑人是否存在有社会危险性的事实和证据，为正确适用逮捕条件提供可靠依据。第二，由检察侦查部门制作提请逮捕意见书。《人民检察院刑事诉讼规则》第二百九十六条规定："人民检察院办理直接受理侦查的案件，需要逮捕犯罪嫌疑人的，由负责侦查的部门制作逮捕犯罪嫌疑人意见书，连同案卷材料、讯问犯罪嫌疑人录音、录像一并移送本院负责捕诉的部门审查。犯罪嫌疑人已被拘留的，负责侦查的部门应当在拘留后七日以内将案件移送本院负责捕诉的部门审查。"逮捕意见书的主要内容包括犯罪嫌疑人的基本情况，是不是人大代表、政协委员，犯罪的事实及证据情

---

① 最高人民法院、最高人民检察院、公安部、国家安全部、司法部《关于适用认罪认罚从宽制度的指导意见》第十九条规定，人民检察院应当将犯罪嫌疑人认罪认罚作为其是否具有社会危险性的重要考量因素，对于罪行较轻、采取非羁押性强制措施足以防止发生《刑事诉讼法》第八十一条第一款规定的社会危险性的犯罪嫌疑人，根据犯罪性质及可能判处的刑罚，依法可不适用羁押性强制措施。

况，逮捕的理由及法律依据，是否具有社会危险性及证据材料等。检察侦查部门应当连同案卷材料、讯问犯罪嫌疑人的同步录音录像等，一并移送本院负责职务犯罪案件的部门审查。后者审查后认为材料不全，要求检察侦查部门补充相关证据的，检察侦查部门应当及时补充调查、移送证据材料。第三，提请负责职务犯罪案件的捕诉检察部门提前介入。由于机动侦查案件数量极为有限，检察机关的职务犯罪案件捕诉部门应当对机动侦查案件侦查活动坚持每案提前介入制度。职务犯罪案件的捕诉检察部门提前介入侦查，有利于指导把握逮捕的法定条件，纠正调查取证的不规范、证据瑕疵等问题，尤其是完善对"社会危险性"和定性认定的证据体系。检察侦查部门应当增强自觉接受职务犯罪案件捕诉检察部门提前介入侦查的意识，在立案侦查初期就应当提请本院的职务犯罪案件的捕诉检察部门提前介入。这样的提前介入机制，本质上是检察侦查一体化的重要体现，对引导检察侦查部门的调查取证活动，以及严格规范侦查措施、手段的适用，特别是对严格把握案件的定性关，有着重要的意义。

由于逮捕事关案件实体和程序全局，尤其是要限制犯罪嫌疑人的人身自由，因此，检察机关在适用逮捕措施时，要重视依法执行保护犯罪嫌疑人的合法权益的各项制度。如对犯罪嫌疑人的"社会危险性"必须进行专门的调查评估；对证据的合法性和强制措施的合法性进行审查；要依法充分听取辩护律师不同意逮捕的意见和理由，并记录在案；检察侦查部门与职务犯罪案件的捕诉检察部门要形成共识、密切配合；必要时，对是否适用逮捕可以举行公开的或不公开的检察听证，充分听取诉讼各方乃至社会各界的意见和理由等，以确保作出逮捕决定的正确性和公信力。

特别需要指出的是，根据《刑事诉讼法》第九十四条的规定，对于检察机关决定逮捕的犯罪嫌疑人，职务犯罪案件的捕诉检察部门必须在逮捕后的二十四小时内进行讯问。作出不逮捕的决定的，应当说明理由。如果需要补充侦查，职务犯罪案件捕诉检察部门应当制作详细的补充侦查提纲，移送、督促检察侦查部门及时严格落实。对职务犯罪捕诉检察部门提出的侦查活动中不合法、不规范、不文明的问题，检察侦查部门必须依法依规予以纠正，并反馈结果。

三、逮捕的撤销与变更

羁押必要性审查是严格正确适用逮捕制度的重要保障，是对犯罪嫌疑人人身自由权的一种重要的法律救济途径，是检察机关立案侦查活动的重要组成部分。目前，羁押必要性审查由捕诉检察部门承担，后者应当充分发挥审查逮捕熟悉案情、审查起诉把握走向的职能优势，发挥羁押必要性审查制度对执行逮捕制度的制约、补救作用。启动羁押必要性审查有依申请或者依职权开展两种方式。笔者认为，对机动侦查案件执行逮捕的犯罪嫌疑人"不需要继续羁押"的确定性情形很少。在共同犯罪案件中，如果被逮捕的犯罪嫌疑人是非国家机关工作人员，且属于从犯、胁从犯、窝藏犯，在社会危险性消失，具有积极退赃、检举揭发、认罪认罚等情节，经过羁押必要性审查后可以认定为"不需要继续羁押"，对其予以释放或者变更为其他非限制人身自由的强制措施。需要指出的是，从法律的规定性出发，机动侦查的案件是国家机关工作人员利用职权实施的重大犯罪，开展羁押必要性审查必须持严肃慎重的态度，应当主要从犯罪嫌疑人、被告人患有不宜继续羁押的严重疾病或者为取得更加良好的办案质效两个方面，严格把握"不需要继续羁押"的客观情形，全面体现平等、公正、及时、透明的办案准则。

同时，为了保证开展羁押必要性审查的公正性和公信力，实践中可以进行两个方面的探索：一方面，提倡由辩护律师代理申请羁押必要性审查。辩护律师依法开展对犯罪嫌疑人的辩护工作，能够得到犯罪嫌疑人的信任，尤其是其熟悉案情、精通业务，代理申请羁押必要性审查更有利于保障犯罪嫌疑人的合法权益，应当积极倡导。另一方面，负责羁押必要性审查的职务犯罪案件捕诉检察部门可以在一定范围内举行公开或不公开的专题听证工作，充分听取辩护人、犯罪嫌疑人所在单位、被害人和人大代表、政协委员等社会各方人士对犯罪嫌疑人是否有"不需要继续羁押"情形、依法可以释放或者变更为其他非限制人身自由强制措施的意见、建议。实践证明，即使是可能被判处徒刑以上刑罚的犯罪嫌疑人，如果案件有法定从轻、减轻情节的，也有被判处三年以下有期徒刑、缓期执行的可能，从而出现"不需要继续羁押"的情形。因此，对于个别机动侦查案件，通过对犯罪嫌疑人开展羁押必要性审查作出释放或者变更强制措施的意见，仍然是必要的和可能的。在逮捕执行上开展"羁押必要性审查"，有利于克服长期以来"以捕代侦""一捕到底"的错误观念和习惯，有利于在法治轨道上提高侦查办案的质效，既是切实可行的办案方法，也是引导机动侦查工作行稳致远的重要策略。

第三节 指定居所监视居住

根据《刑事诉讼法》第七十四条的规定，监视居住适用于符合逮捕条件且存在法定的不需要被羁押情形的犯罪嫌疑人、被告人。就检察侦查角度，监视居住是指检察机关在侦查中，为了保证侦查活动的顺利进行，责令犯罪嫌疑人未经批准不得离开其住所或者指定的居所，并对其活动进行必要监视的一种强制措施。把握监视居住这一强制措施最重要的法律前提，就是适用符合逮捕条件的犯罪嫌疑人。也就是说，监视居住是指对应被逮捕的犯罪嫌疑人由于存在不适合羁押的法定特殊情形时采取的一种非限制人身自由的强制措施。这些特殊的法定情形主要有：一是患有严重疾病，生活不能自理的；二是怀孕或者正在哺乳自己婴儿的妇女；三是系生活不能自理的人的唯一扶养人；四是因为案件的特殊情况或者办理案件的需要，采取监视居住措施更为适宜的；五是羁押期限届满，案件尚未办结，需要采取监视居住措施的。监视居住由公安机关执行。

近年来，检察机关立案侦查的司法工作人员相关职务犯罪案件中，采取监视居住强制措施的有一定比例，主要是"因为案件的特殊情况或者办理案件的需要"而对犯罪嫌疑人采取监视居住的特殊方式——指定居所监视居住。"实践中，指定居所监视居住多适用于上级指定管辖异地查处的职务犯罪案件。"[①] 指定居所监视居住是在检察机关指定的规范的场所、配合公安机关执行，有利于增强检察侦查工作的主动权、连续性、保密性，给整个侦查工作创造良好的条件，尤其是对持续有效开展讯问有更大的便利，对巩固、深化犯罪嫌疑人的供述与辩解，深挖余罪、扩大战果有着良好效果。同时，指定居所监视居住由检察机关决定、配合公安机关执行，由于缺乏必要的外部制约、监督，容易出现滥用，会给检察机关依法、文明、规范、安全办案带来重大隐患。为此，检察机关对采取指定居所监视居住的强制措施历来持慎重的态度。早在 2014 年 8 月，最高人民检察院《关于全国检察机关在查办职务犯罪案件中严格规范使用指定居所监视居住措施的通知》就明确规定，凡是使用指定居所监视居住的，坚持严格标准、严格审批和向上级检察机关备案制度。即采取指定居所监视居住措施，要经本院检察长审批，并报上一级检察机关备案，上级检察机关要及时审查，避免滥用。[②] 也即检察机关对适用指定居所监视居住的强制措施，奉行的是慎用、少用、短用的原则，实行严格的审批和备案制度。指定居所监视居住强制措施的一个法定前提就是犯罪嫌疑人在立案侦查的检察机关辖区内没有常住或固定的住所。

机动侦查权的生命在于实践。根据刑事诉讼法关于机动侦查案件的立法精神，机动侦查权是全国检察机关都享有的重要的普遍意义上的法定职权，即使其立案必须经省级以上人民检察院决定，也不能排除基层检察机关的立案主体地位。在当前和今后机动侦查权进一步激活的形势下，调动基层检察机关立案侦查上的积极性至关重要，这是机动侦查权

[①] 参见杨春雷、万春主编：《司法工作人员职务犯罪侦查业务》，中国检察出版社 2021 年版，第 202 页。

[②] 参见杨春雷、万春主编：《司法工作人员职务犯罪侦查业务》，中国检察出版社 2021 年版，第 202 页。

永葆生机和活力的基础，是机动侦查工作行稳致远的根本。从加强法律监督工作的大局和实际出发，坚决以法治思维和法治方式对基层检察机关作为机动侦查权立案主体的限制进行严格有序的松绑，这对全面激活机动侦查权有益，对夯实机动侦查权的基层基础、推进检察侦查一体化扎根基层有益。当然，完善司法解释是一项严肃的法律工作，要深入基层调查研究，而后在深入总结、充分论证基础上健全对机动侦查案件的立案主体机制。本着必要和可行的原则，对基层检察机关机动侦查案件的立案问题，坚持设区的市级人民检察院立案为原则，必要时，设区的市级人民检察院可以将立案的案件交由属地基层人民检察院实施侦查或者指令其他基层人民检察院实施侦查，设区的市级人民检察院加强对侦查活动的指挥、指导、协调、督促。

　　近年来，最高人民检察院对适用指定居所监视居住强制措施、建立指定居所监视居住点作了原则性要求。全国大多数省的设区的市级人民检察院都在着手建设、完善比较规范的指定居所监视居住点，有的还临时借用其他机关的监视居住场所。参照近年来对少数司法工作人员相关职务犯罪嫌疑人采取指定居所监视居住强制措施的做法，对于机动侦查案件的犯罪嫌疑人采取指定居所监视居住的强制措施，需要重点把握好以下几个方面：第一，必须是立案侦查的基层检察机关辖区内没有常住或者固定住所的犯罪嫌疑人；第二，必须是涉嫌的机动侦查案件和检察机关依法可以管辖的其他关联案件重大、疑难、复杂；第三，必须经案件交办的设区的市级人民检察院批准；第四，必须在依法规范建设的指定居所监视居住场所执行指定居所强制措施，不得在监狱、看守所等羁押场所，监察机关的留置点、检察机关的办案工作区等专门的办案场所执行，也不得在设军事禁区、宾馆、办公区域、私人住宅等场所执行；第五，必须由公安机关执行指定居所强制措施，检察机关全力做好协助、配合工作；第六，必须充分保障犯罪嫌疑人的合法诉讼权益。在执行后二十四小时内通知被指定居所监视居住的犯罪嫌疑人的家属，全程确保执行指定居所监视居住的强制措施的安全、文明；确保犯罪嫌疑人必要的饮食、休息。同时，要有效保障犯罪嫌疑人的辩护权和辩护律师的会见权，严禁把指定居所监视居住场所变成第二看守所。

实践中，适用指定居所监视居住强制措施程序上还要注意做到以下几点：第一，应当在拘留执行完毕后视案情决定是否采取指定居所监视居住的强制措施，一般不可以跳过拘留强制措施直接适用指定居所监视居住的强制措施；第二，慎重严肃进行逮捕措施与指定居所监视居住措施的转换；第三，检察机关的司法警察协助公安机关执行指定居所强制措施，进行必要的分工，讯问室的安全、监控应当由检察机关负责；第四，在法律、司法解释没有明确规定情况下，采取指定居所监视居住强制措施的期限最长不应当超过一次性执行逮捕的两个月时间，且应当确定一个更短的合理时间；第五，对采取指定居所监视居住的强制措施，应当建立风险评估机制、纳入案件管理系统、接受检务督察部门的监督。

笔者认为，对机动侦查案件犯罪嫌疑人采取指定居所监视居住强制措施，应当在构建机动侦查案件办案体系中具体明确，使机动侦查案件的办案机制更加完整、更加灵活。虽然在机动侦查案件中实际适用指定居所监视居住的强制措施十分有限，但是，检察机关能够运用指定居所监视居住，无疑对依法充分运用侦查措施、设计更加丰富的侦查谋略，多了一个法律上特殊有效的选项和方法。这是高质效办理机动侦查案件合乎规律的特别侦查措施。

第十一章　侦查终结

侦查终结是指侦查机关对立案侦查的案件，认为事实已经查清，证据确实、充分，足以认定犯罪嫌疑人是否有罪、是否应当追究刑事责任，而作出结束侦查决定并对案件进行处理的诉讼活动。侦查终结是侦查活动的最后阶段，是衡量侦查案件质量的决定性环节。对检察机关侦查工作而言，侦查案件能否圆满"收官"更是检验案件高质效的首要标准。

《刑事诉讼法》第一百六十八条规定："人民检察院侦查终结的案件，应当作出提起公诉、不起诉或者撤销案件的决定。"《人民检察院刑事诉讼规则》第二百三十七条至第二百五十四条，对检察机关自行侦查的案件的提起公诉、不起诉、撤销作了详细的具有可操作性的规定。对于机动侦查案件，提起公诉是主要的侦查终结目标。

第一节　起诉案件侦查终结的实体条件

一、认定犯罪事实清楚

认定的犯罪事实必须是国家机关工作人员利用职权实施的重大犯罪，而不是其他犯罪，更不是违法违纪甚至是杜撰的事实。这是机动侦查案件侦查终结的内在要求。机动侦查权适用的案件是法律规定的特定案件，认定的犯罪事实必须与此相适应，不是国家机关工作人员利用职权实施的重大犯罪，属于认定犯罪事实有误，不是机动侦查案件认定犯罪事实的题中应有之义。认定犯罪事实清楚必须紧紧围绕机动侦查案件的犯罪构成和要素进行，使作为国家机关工作人员的犯罪嫌疑人利用职权实施的重大犯罪铁板钉钉。至于犯罪嫌疑人还涉嫌其他犯罪、违纪违法行为，如果属于检察机关管辖的案件，应当继续侦查；如果属于其他机关管辖的案件，则应当将线索依法移送有管辖权的其他机关处理。

二、应当追究刑事责任

依法应当追究刑事责任，是机动侦查案件以提起公诉为侦查终结的必需的法定条件。不需要追究刑事责任，也就没有以起诉案件的标准侦查终结的必要。要依法查清犯罪嫌疑人是否存在超过犯罪追诉期限不应当追究刑事责任的情况，查清犯罪嫌疑人是否存在犯罪情节显著轻微、不需要追究刑事责任的情况，查清犯罪嫌疑人的犯罪事实以及投案自首、检举立功、退赃悔罪等可以作出相对不起诉情节的情况，从而确定对犯罪嫌疑人的犯罪行为依法应当追究刑事责任。

三、证据必须确实、充分

证据是诉讼之王，是高质效办理机动侦查案件的决定性因素。案件能够侦查终结，本质上是证明犯罪事实、需要追究刑事责任的证据已经确实、充分，具体而言，体现在以下几个方面：第一，侦查取得的证据已经达到对犯罪嫌疑人提起公诉的定罪量刑的证据链和证明力，且可以依法排除一切合理怀疑；第二，对案件的调查取证手段已经穷尽，已经没有再以其他特别措施调查取证的必要；第三，所有的调查取证方式都是依法进行的，经得起法庭的严格检验。总之一句话，证据在"质"和"量"上都已经达到足以证实对犯罪嫌疑人、被告人定罪量刑的程度。

对符合起诉案件侦查终结实体条件的案件，检察侦查部门应当写出侦查终结报告，制作起诉意见书。如果犯罪嫌疑人认罪认罚的，则应当记录在案、随案移送，并在起诉意见书中写明有关情况。

第二节 起诉案件侦查终结的程序要求

对于机动侦查起诉案件的侦查终结报告和起诉意见书，应当报请检察长批准。由于机动侦查案件由设区的市级人民检察院立案侦查，在适用程序上要有更严格、特别的要求。

一、切实保障犯罪嫌疑人的辩护权

《刑事诉讼法》第三十八条规定："辩护律师在侦查期间可以为犯罪嫌疑人提供法律帮助；代理申诉、控告；申请变更强制措施；向侦查机关了解犯罪嫌疑人涉嫌的罪名和案件有关情况，提出意见。"第一百六十一条规定："在案件侦查终结前，辩护律师提出要求的，侦查机关应当听取辩护律师的意见，并记录在案。辩护律师提出书面意见的，应当附卷。"据此，《人民检察院刑事诉讼规则》第二百三十九条对侦查过程中保障犯罪嫌疑人的辩护权等进一步作出细化的规定。主要内容包括：第一，侦查过程中，检察侦查人员可以听取辩护律师的意见；辩护律师要求当面提出意见的，检察人员应当听取意见，并制作笔录附卷；辩护律师提出书面意见的，应当附卷。检察机关在办理机动侦查案件过程中，不论辩护律师是否提出要求，都不排除主动听取辩护律师意见。这不仅更有利于切实保障犯罪嫌疑人的合法权益，也有利于改进侦查工作，确保办案质效。第二，侦查终结前，犯罪嫌疑人提出无罪或者罪轻的辩解，辩护律师提出犯罪嫌疑人无罪或者依法不应当追究刑事责任的意见的，人民检察院应当予以核实。侦查终结环节严格执行这一规定十分重要。通过对犯罪嫌疑人、辩护律师关于无罪、罪轻、不应当追究刑事责任诉求的核实，有利于检察机关检视案件事实是否查清，证据是否确实、充分，也有利于理性判断犯罪嫌疑人的行为是否构成犯罪、构成什么罪以及是否应当追究刑事责任等问题。这对于机动侦查案件精细化侦查终结，确保这类极为特殊的检察侦查案件高质量地移送审查起诉意义重大。^① 第三，侦查终结移送起诉时，检察机关应当同时将案件移送情况告知犯罪嫌疑人及其辩护人。也就是检察机关在侦查终结时对案件的基本事实、定性以及移送到哪个检察机关审查起诉的情况，明确告知犯罪嫌疑人及其辩护人，增强犯罪嫌疑人及其辩护人对案件的预见性，便于其在审查起诉乃至审判阶段做好辩护准备。

二、明确侦查措施和起诉意见

侦查终结不仅是对犯罪嫌疑人涉嫌犯罪的侦查结论，而且是对整个侦查活动的程序结论，应当对相关侦查措施、移送起诉有一个全面的意见。

第一，对涉及的侦查措施要明确，包括侦查期限，查封、扣押、冻结的财物及其孳息、文件清单，特别是对犯罪嫌疑人采取羁押强制措施的，应当明确是否变更羁押措施和羁押地点。

第二，对犯罪嫌疑人的认罪认罚从宽情况和听取辩护律师意见要明确，作为审查起诉阶段执行认罪认罚从宽制度的重要参照。

第三，其他需要说明的情况。比如对系人大代表、政协委员的犯罪嫌疑人依法提请罢免代表资格、委员资格的情况，向党委、党委政法委请示汇报案件情况，与纪检监察机关办案衔接、配合情况；对犯罪嫌疑人采取技术侦查、边控等特别侦查措施的法律依据、过程与效果，适用非法证据排除规则的情况，侦查过程的安全性和舆情情况等。

第四，对因犯罪导致国家、社会公共利益、集体财产遭受重大损失的，在提起公诉的同时，可以提出提起附带民事诉讼的意见。实践中，

---

① 司法实践中，检察机关立案侦查的机动侦查案件在侦查终结之前，犯罪嫌疑人及其辩护律师一般都会提出无罪、罪轻等有利于犯罪嫌疑人的辩护意见，可以说，这是他们面对提起公诉之前最重要的保护自身权益的机会；对于这些意见，检察机关应开展针对性的核实，并将核实的情况记录在案，必要时，可以对犯罪嫌疑人、辩护律师开展释法说理工作。

还没有出现对机动侦查案件提起附带民事诉讼的案例。笔者认为，机动侦查的案件涉及国家机关工作人员利用职权实施的重大犯罪，必然会严重破坏公权力秩序，侵害国家利益、社会公共利益、集体利益。检察侦查部门应当与职务犯罪检察部门、公益诉讼检察部门加强沟通，充分考虑侦查终结时是否有必要提起刑事附带民事诉讼或者将线索移送到公益诉讼检察部门。

最为重要的是，要认真制作起诉意见书。起诉意见书是侦查终结最为重要的法律文书，是连接侦查与起诉之间的法定途径，必须将侦查成果以起诉意见书的规范形式转化为起诉成果。起诉意见书内容主要包括：（1）对犯罪嫌疑人、主要犯罪事实以及是否存在法定、酌定从重从轻情节的认定；（2）证明犯罪事实的证据体系和证明力，以及调查取证的合法性；（3）对犯罪嫌疑人利用职权实施的重大犯罪的定性、是否存在数罪等法律适用问题；（4）对犯罪嫌疑人犯罪行为的量刑建议、意见。

三、做好侦查终结与审查起诉的程序衔接

检察侦查部门应当根据法律规定、案件实际，在侦查终结过程中，加强向上级检察机关的汇报、与本院职务犯罪案件检察部门的沟通，并与确定审查起诉的检察机关加强程序衔接，确保案件"诉得出、判得下"。

（一）明确对案件是否实行异地起诉、异地审判

对国家工作人员涉嫌职务犯罪案件是否应当实行异地起诉、异地审判，省域层面上有一些内部规范性文件，以确保办案的公正性与公信力。机动侦查案件面临同样的问题。检察侦查部门与职务犯罪检察部门认为应当在本辖区范围内实行异地起诉的案件，由职务犯罪检察部门负责与同级人民法院会商确定异地起诉的基层人民检察院、异地审判的基层人民法院；认为应当在设区的市本级起诉、审判的，就应当做好同级人民检察院与人民法院之间的起诉与审判衔接；认为应当交由其他设区的市级人民检察院异地起诉、人民法院异地审判的，应当共同报请省级人民

检察院与省高级人民法院确定异地起诉的人民检察院、异地审判的人民法院。指定异地起诉、审判都要有规范的法律文书，是侦查终结、移送起诉不可缺少的环节。

（二）与职务犯罪检察部门共同会商侦查终结、移送起诉的案件

机动侦查案件属于重大犯罪案件，在适用逮捕强制措施过程中，本院的职务犯罪检察部门已经自审查、决定逮捕起介入了案件的侦查活动。在检察长指挥下的检察一体化办案机制中，职务犯罪检察部门应提前、全面介入侦查、了解案情、引导取证、把握定性。侦查终结必须对标"判得下"的审判标准，检察侦查部门与职务犯罪检察部门是命运共同体。无论案件是否需要异地起诉、异地审判，也不论案件是否需要通过本院职务犯罪检察部门移送下级检察机关审查起诉，检察侦查部门都有必要在侦查终结之前就移送起诉的案件事实、证据、法律、政策和处理意见，与职务犯罪检察部门进行深入细致的交流、分析，使案件事实更加清楚，证据更加确实、充分，定性正确，程序合法，漏罪漏诉问题充分解决，一些办案瑕疵得以补救，确保案件质量经得起审查起诉、审判的严格检验。这也有利于加强上级检察机关对立案侦查的下级检察机关或者指定异地起诉的检察机关审查起诉、提起公诉工作的指导。

（三）移送起诉意见书

设区的市级人民检察院对机动侦查案件侦查终结后，应依法将起诉意见书、有关决定、侦查终结报告连同案卷材料，移送有管辖权的检察机关审查起诉、提起公诉。实践中，大多数机动侦查案件是由设区的市级人民检察院立案侦查终结后交由下级检察机关审查起诉的，设区的市级人民检察院的检察侦查部门、职务犯罪检察部门对下级检察机关的审查起诉、提起公诉应当承担指导责任。下级人民检察院应当严格按照上级人民检察院侦查终结报告、移送起诉意见书审查是否提起公诉；如果认为上级人民检察院的决定有错误，可以向上级人民检察院提出要求纠

正的报告，上级人民检察院维持原决定的，下级人民检察院应当执行。这是检察机关法定一体化机制在执行力上的重要体现。

第三节　做好办案的后半篇文章

当前机动侦查案件数量少，且涉及检察机关广泛多样的法律监督职能，所以在重视侦查终结的同时，要做好"后半篇文章"。

一、把案件塑造成案例

检察机关对办理的每一起机动侦查案件都要增强案例意识，以法治思维和法治方式深刻剖析犯罪的构成要件、要素和社会背景，认真总结查办的机动侦查案件的典型、可借鉴意义；而省级人民检察院对决定立案侦查的机动侦查案件，应当在指导案件侦查活动的同时，统筹开展对机动侦查案件转化为案例的指导，让每一个机动侦查案件既是成功的案件，也是示范的案例。最高人民检察院可以定期发布具有示范、经典意义的机动侦查案例，乃至机动侦查的指导性案例，促进与公安机关、人民法院形成共识，出台相关实务意见，不断推动机动侦查机制的完善。

二、深刻总结办案经验

要以机动侦查案件为切入点，全面深刻了解公安机关行使刑事案件管辖权、立案权中存在的突出问题；全面深刻了解公安机关刑事侦查活动普遍性的措施和手段，特别是最有效的侦查措施和最新的侦查手段；全面深刻了解公安机关对检察机关立案监督的意见和做法，增强立案监督工作与机动侦查工作的优势互补。要站在高质效立案侦查机动侦查案件的视角，围绕线索发现、立案审查、决定立案、强制措施、侦查谋略、讯问突破、协同配合、侦查终结等重要的侦查阶段，严格把握机动侦查案件的要件、要素等关键环节，深入系统梳理、总结侦查活动的成败得失，为全面激活机动侦查权、推动机动侦查工作高质效可持续发展提供有说服力、可借鉴的经验做法。

三、有效推进对公权力的治理

检察机关在对机动侦查案件立案侦查过程中，要能够发现公安机关、犯罪嫌疑人所在国家机关等在公权力行使和管理中存在的深层次问题。对这些公权力领域暴露出来的突出问题，检察机关以法治化的思维和方式提出高质效的纠正违法意见和检察建议工作，对在法治轨道上推进国家机关治理体系和治理能力现代化，有现实意义。为此，要建立和坚持机动侦查案件"一案一纠正""一案一建议"的办案制度，即检察机关开展立案侦查机动侦查案件，应当坚持问题导向、深入剖析产生问题的原因尤其是依法治理、有效管理的原因，研究点面结合、标本兼治的对策意见，向有关公安机关、其他国家机关制发高质量的纠正违法意见、检察建议，有针对性地促进有关国家机关增强严格执法、公正司法、严格管理、加强监督的能力和水平。对公安机关、有关其他国家机关是否接受、落实检察机关的法律监督意见要跟踪、督促，做到件件有结果、件件有回复；必要时，对典型的案件，检察机关可以把法律监督意见抄送党委、人大常委会、纪检监察机关，并向被涉案的上级国家机关进行专门通报。在此基础上，省级人民检察院可以就省域范围检察机关办理的机动侦查案件建立年度专题报告、白皮书制度，为提高省域范围内法治轨道上的现代化提供有力的决策依据。最高人民检察院可以就检察机关开展机动侦查工作涉及国家治理体系和治理能力现代化的重大问题，在进一步调查研究基础上以加强法律监督工作的专题报告的形式报告党中央、全国人大常委会。

第十二章　机动侦查的浙江实践与启示

在 2018 年 10 月刑事诉讼法作出重大修改赋予检察机关对司法工作人员相关职务犯罪案件立案侦查权以来，浙江省检察机关在始终保证立案侦查司法工作人员相关职务犯罪案件优质稳进、行稳致远的良好态势的同时，紧紧抓住激活机动侦查权的历史机缘，在 2019 年 3 月率先办理机动侦查案件，至 2023 年 11 月共立案侦查机动侦查的案件 32 件 32 人，已经作出有罪判决 17 人，取得了具有里程碑意义的办案效果。浙江省检察机关办理机动侦查案件的经验做法、典型案例获最高人民检察院多次转发、刊登；浙江省检察机关多次就立案侦查机动侦查工作在全国检察机关侦查条线作汇报交流；在先行实践基础上，浙江省检察机关对机动侦查工作的研究也取得可喜成果，对深化机动侦查工作乃至检察侦查工作产生一定影响。

第一节　浙江办理机动侦查案件的基本情况

一、不断加大办案力度

几年来，浙江检察机关始终坚持立案侦查机动侦查案件稳中有进的方针，在率先破局稳步推进办案工作可持续发展的同时，也率先实现了设区的市级人民检察院立案侦查的全覆盖。2019 年 3 月，经浙江省人民检察院决定，绍兴市人民检察院立案侦查了一起基层公安机关民警利用职权实施的重大盗窃犯罪案件，本案是全国首例机动侦查权案件。截至 2023 年 11 月，浙江省检察机关共立案侦查机动侦查案件 32 件 32 人，其中 2019 年立案侦查 2 件 2 人，2020 年立案侦查 6 件 6 人，2021 年立案侦查 2 件 2 人，2022 年立案侦查 8 件 8 人，2023 年立案侦查 14 件 14 人，整体上呈办案力度不断加大的趋势。目前，全省实现了办案市域的全覆盖。其中，立案侦查案件数量在 3 件以上的设区的市级人民检察院有 5 个。

二、确保办案优质高效

浙江省检察机关以"立得住、诉得出、判得了"为高质效办案的总要求，对机动侦查权的办案质效实行单独的评价标准。几年来，浙江省检察机关办理的机动侦查权案件中未出现撤案、不起诉或无罪判决情况。至 2023 年 12 月，浙江省检察机关立案侦查的 32 件 32 人机动侦查案件，已经作出生效判决 17 人，全部实现侦、诉、判罪名一致，有 15 名被告人适用认罪认罚从宽制度、判决一审生效，其中 4 人被判处 10 年以上有期徒刑。办案过程依法、文明、规范、安全，没有出现信访、舆情和被监督的国家机关反制等负面情况。坚持问题导向、治罪与治理的统一，以法治思维和法治方式做好高质效制发纠正违法意见、检察建议工作，深度做好办案的"后半篇文章"，有效推进了相关国家机关执法、司法、管理、监督活动的法治化能力；报告和宣传立案侦查的重大的机动侦查案件，有针对性扩大检察机关开展机动侦查工作的影响力，提升了检察机关加强法律监督工作的整体质效。

三、不断拓展办案领域

浙江省检察机关办理机动侦查案件是以最有优势、容易形成共识的对司法工作人员利用职权实施的重大犯罪案件为突破口的。在不断取得办案效果、积累办案经验的同时，近年来，浙江省检察机关深刻领会机动侦查权的立法精神，遵循量力而行、循序渐进的办案规律，把办案领域逐步扩大到其他国家机关工作人员，并严肃立案查处构成共同犯罪的其他人员。在立案侦查的 32 人中，有民警 20 人，辅警 1 人，法院工作人员 2 人，招投标、税务等行政机关工作人员 4 人，律师 2 人，群众共犯 3 人。由此可见，浙江省检察机关始终把立案侦查司法工作人员利用职权实施的重大犯罪，作为依法履行机动侦查权的主阵地和主攻方向；并根据实践发展，依法把机动侦查权的触角延伸到相关行政机关的工作人员。目前，立案侦查工作正在向有纵向管理体制的专门行政执法领域发展。

四、充分挖掘案件线索

发现线索是检察机关激活机动侦查权、开展立案侦查活动的必要前提，没有线索、没有高价值的线索，侦查工作就是"镜中花、水中月"。可以说，线索是激活机动侦查权的源头活水，体现了侦查办案的主观能动性。浙江省检察机关从加强法律监督工作的全局上增强挖掘机动侦查案件线索的法治自觉，把激活机动侦查工作置于"四大检察"各项业务全面协调充分发展全过程，增强了法律监督工作的循环性、穿透力。从检察侦查的法律属性、价值功能、运行规律出发，强化了审查、调查、侦查"三查融合"的法律监督新理念，建立了以发现线索、协同办案、成果共享为主要内容的融合性办案激励机制，充分调动了各个检察业务部门在履行法律监督职能发现隐蔽在深处的"案件背后的案件"的机动侦查线索的积极性，解决了机动侦查案件线索发现难、有价值线索发现更难的瓶颈问题。实践证明，在该省检察机关办理的机动侦查案件中，80% 以上案件线索来自对立案监督、侦查活动监督和审查逮捕、审查起诉之中，可以说，对刑事诉讼活动的法律监督成为机动侦查案件线索来源的主渠道；还有从民事、行政、公益诉讼、控告申诉检察以及侦查活动等途径深挖发现的线索，几乎涵盖检察机关法律监督工作的各领域。少数案件犯罪线索由纪检、监察机关或公安机关移送，也有个别犯罪嫌疑人投案自首等，这也与检察机关加强法律监督工作、增强侦查敏锐性有内在关系。

五、不断优化办案模式

浙江检察侦查运用数智化推进数字技术与侦查业务的深度融合，全方位激发内动力，突出强调数字赋能，不断优化办案模式和提升侦查效能。通过研判、分析个案的犯罪特点，提取类案要素特征，归集数据建立不同类案数字侦查模型，通过大数据比对筛选案件线索，通过大数据分析深化个案挖掘。全省先后建立了涉卖淫案件数字侦查模型、涉强制戒毒案件数字侦查模型、失信司法工作人员数字侦查模型、司法网拍数字侦查模型等，梳理发现大量案件线索，打击了一批类案。这种数字侦查模型主要分四步推进。下面以涉卖淫案件数字侦查模型为例。第一步：搭建类案数据库。归集涉卖淫案件案卷材料、卖淫案件行政处罚决定书及卷宗、涉卖淫案件立案监督数据、可疑人口信息、前科劣迹、报警数据、看守所在押人员信息、涉卖淫场所、人员检举情况等数据，搭建数据库。第二步：通过关键词梳理，筛选可疑案件。例如：（1）同一个卖淫地点，前后更换经营名称，两次以上被查实容留、介绍卖淫行为，仅进行行政处罚；（2）同一个涉案人员涉及跨区域多个场所，两次以上被查实容留、介绍卖淫行为，仅对每次被查实的事实分别予以行政处罚；（3）以浴室、酒店为经营载体，侦查机关仅查实一次卖淫行为，对普通工作人员进行行政处罚等。第三步：针对可疑案件进行重点分析论证。针对梳理的可疑案件，调取侦查卷、检察卷、行政处罚卷等重点研判发现线索，针对不同案件类型确定不同的侦查重点。第四步：分析研判确定可疑侦查对象。针对可疑案件，通过查询个案侦查卷宗，关联重点侦查对象；关注涉卖淫场所经营期间，其属地主管部门及其主要执法人员，关联重点侦查对象。围绕发现重点对象的异常经济状况和通信情况，进一步锁定重点嫌疑对象。近几年来，通过该模型发现并查处了一批公安干警或协辅警在组织卖淫犯罪活动中涉嫌徇私枉法或滥用职权犯罪，以机动侦查权立案查处了涉嫌组织卖淫罪的 4 名公安干警、2 名协辅警。

第二节　浙江机动侦查案件的主要特点

一、立案侦查的对象主要是司法机关工作人员

数据表明，在立案侦查的 32 件 32 人机动侦查案件中，司法工作人员有 23 人，占 78%；其中公安民警有 21 人（协警 1 人）。在 2022 年之前，浙江省检察机关办理的机动侦查案件全部是司法工作人员利用职权实施的重大犯罪案件。主要原因是：第一，对司法工作人员相关职务犯罪案件立案侦查是新时代检察侦查办案的重点，而司法工作人员相关职务犯罪往往与利用职权实施的重大犯罪有着内在的联系，检察机关依法履行机动侦查权聚焦这类对象，有着侦查职能和办案上的优势。第二，检察机关的法律监督工作主要是对诉讼活动的法律监督，在司法领域的法律监督是重中之重，发现司法工作人员利用职权实施的重大犯罪线索条件有利。第三，是深入扫黑除恶专项斗争和深化政法队伍教育整顿活动的成效之一。

二、案件的类型主要是隐性的涉财犯罪案件

浙江省检察机关立案的机动侦查案件，除了一件涉嫌抢劫罪、数起涉嫌组织卖淫罪外，绝大多数都是涉嫌盗窃罪、诈骗罪、敲诈勒索罪等非暴力性涉财罪名；近年来机动侦查案件扩展到行政机关工作人员利用职权实施的重大犯罪，主要是非法经营罪、串通投标罪、危害税收征管罪等非暴力性涉财罪名。这主要是因为涉嫌犯罪的国家机关工作人员利用职权实施盗窃、诈骗、敲诈勒索以及利用职权参与非法经营、串通投标等非暴力性犯罪有职权上的有利条件；即使部分案件是与非国家机关工作人员共同实施的，在利益共同体面前，犯罪行为也相对隐蔽，一般不易通过常规的手段被发现和查处，犯罪的侥幸心理也较为明显。实践中，这些隐性的机动侦查案件线索，主要是检察机关在对相关犯罪案件

审查逮捕、审查起诉和开展立案监督、侦查活动监督过程中发现的；少量线索是由相关涉案人员因利益分配不均内讧，被检举、揭发出来的。

三、共同犯罪案件突出

在浙江省检察机关推进机动侦查办案工作中，有一个重要的变化就是涉及共同体犯罪的机动侦查案件增多。即重大犯罪由国家机关工作人员与非国家机关工作人员共同实施完成的情况有所增加。如法院执行人员利用职权参与的拒不执行判决、裁定犯罪，就是与被执行人员共同实施的；烟草稽查人员、公安民警参与非法经营犯罪，就是与"烟贩子"共同实施的。可以说，国家机关工作人员利用职权实施的重大犯罪，与民事、经济活动有关的，往往会出现与其他人员甚至律师构成共同犯罪问题；犯罪的主体是行政机关工作人员，其利用职权实施的涉财重大犯罪，也可能与管理、服务对象沆瀣一气，构成共同犯罪。

四、大多数案件都存在数罪的问题

浙江省检察机关立案查处的机动侦查案件大多数都涉及数罪问题，4起判处被告人有期徒刑十年以上的案件，全部是数罪并罚。实践中，司法工作人员利用职权实施的重大犯罪，往往与其在履行职责中不作为、乱作为有直接的联系，极大可能存在玩忽职守、徇私枉法、滥用职权等相关职务犯罪。浙江省检察机关立案侦查的20余起司法工作人员相关职务犯罪案件，大多存在这样的情况。犯罪嫌疑人、被告人可能存在数罪，是检察机关适用机动侦查权时在实体上、程序上应当充分考量的问题。

第三节　主要经验与启示

机动侦查权作为检察机关加强法律监督工作、推进检察工作现代化的一个重要抓手，正在不断丰富的实践基础上塑造理论体系、建立标准流程，也将有更科学、明确的立法完善。现将浙江省检察机关近年来探索机动侦查工作的有益实践与思考总结如下，以期对进一步加强机动侦查工作、确保机动侦查办案行稳致远，提供一些可复制、可推广的启发。

一、坚持政治与法治相结合，充分认识机动侦查权重大的法律监督价值

机动侦查权之所以长期被忽视，其重要原因就是自1978年检察机关恢复重建之后，较长时间里检察机关是职务犯罪案件唯一的侦查机关，检察机关不仅把国家工作人员贪污贿赂、渎职侵权等职务犯罪案件作为检察工作的重中之重，还承担着繁重的审查逮捕、审查起诉等惩治和预防刑事犯罪的任务，因而，对国家机关工作人员利用职权实施的重大犯罪案件的机动侦查工作有所忽视。在国家监察体制重大改革、对国家工作人员所涉的职务违法犯罪行为实现监督全覆盖后，浙江省检察机关清醒地认识到，机动侦查权适用于公安机关管辖的国家机关工作人员利用职权实施的重大犯罪案件，既体现了党和国家与国家机关领域各种腐败行为作斗争的政治属性，也体现了依靠法治推进对国家机关各项公权力的法律监督属性，是政治与法治的有机统一，是推进国家治理体系和治理能力现代化的重要组成部分。浙江省检察机关进一步认为，新时代检察侦查工作寓于"四大检察"又服务"四大检察"的直接侦查、机动侦查、自行补充侦查的"三位一体"的职能格局，无论从整体还是局部，在全面加强检察机关的法律监督工作、推进中国式检察工作现代化进程中，都有着重要而独特的地位。对检察侦查职能的"厚此薄彼""顾此失彼"，都不符合检察机关法律监督工作全面协调充分发展的时代要求。用好机动侦查权，检察机关加强法律监督工作就多了一把利剑，能增强法律监督高质效发展的战略主动，检察机关应当以法治思维和法治方式提高运用机动侦查权的政治自觉和制度自信。2018年10月刑事诉讼法作出重大修改，赋予检察机关对司法工作人员相关职务犯罪侦查权后，在同年12月举办的全省检察侦查高级研修班上，浙江省检察院就对激活机动

侦查权提出了明确要求，要求全省检察机关在依法积极开展对司法工作人员相关职务犯罪案件立案侦查工作的同时，要不失时机地挖掘机动侦查案件线索，激活机动侦查法律条款，在立案侦查机动侦查案件上"打响第一枪"。

二、坚持数量与质量相结合，有序推进机动侦查办案工作优质稳进

浙江省检察机关以案件的高质量实现办理机动侦查案件零的突破，自始至终坚持办案是有质量的数量和有数量的质量的辩证统一，在 2019 年办理机动侦查案件的基础上，实现多年来办案规模的优质稳进、稳中有进，保持多年来办案力度不减，办案规模、质效始终处于全国第一方阵。2021 年 12 月，浙江省检察机关率先召开了全省检察侦查工作会议，把加强侦查工作置于加强检察机关法律监督工作整体上来部署、来谋划，拓展了包括机动侦查案件在内的线索发现途径，促进了检察侦查与法律监督工作的优势互补、循环发展，为机动侦查有规模可持续发展营造了良好的内部环境。浙江省检察机关每年都对立案侦查机动侦查案件提出切实可行的部署，要求每一个地区的检察机关都要有办理机动侦查案件的主体意识，早日以办理经得起检验的案件填补立案侦查机动侦查案件这一长期的空白，让全省的检察侦查工作现代化起步更扎实有力。截至 2023 年，浙江省检察机关立案侦查的机动侦查案件，不仅办案对象从司法工作人员拓展到有关行政机关工作人员，而且做到了全部 11 个设区的市级人民检察院立案侦查全覆盖，实现无撤案、无不起诉、无被判免刑、无安全事故、无重大舆情的良好办案效果，办案的规模、质效双双走在前列，检察机关法律监督的影响力、权威性显著增强。

三、坚持分工与协同相结合，深入推进机动侦查办案的检察一体化

浙江省检察机关开展立案侦查机动侦查案件，高度重视加强检察侦

查部门与各检察业务部门建立紧密的分工、协作关系；加强检察机关与公安机关建立互信共赢的法律关系，取得公安机关的理解和支持；加强检察机关与纪委监委完善各司其职、形成合力的工作机制，在共同推进反腐败斗争中形成合力。与此同时，遵守机动侦查案件必须由省级以上人民检察院决定的法定程序和必须由设区的市级人民检察院为基础的立案主体的办案程式，全方位、多领域推进以检察职能为牵动的融合性检察一体化工作，强化开展法律监督工作中审查、调查、侦查"三查"思维和方式的融合、"四大检察"与检察侦查职能的衔接。在立案侦查机动侦查案件中，省级人民检察院既是检察一体化机制的统筹者、指挥者，更是执行者、实施者，在全过程打通检察各项职能、分级压实办案责任上，发挥着示范表率、检查落实的决定性作用。该省检察机关大幅完善了检察侦查一体化机制、"三查"融合考评机制、侦捕诉会商机制，构建了面向全省各类检察人才的侦查人才库，有效解决了侦查人才严重不足、专业能力明显不够的突出问题，检察资源得到优化配置，机动侦查效能有了极大提升。最有说服力的是：该省检察机关立案侦查的机动侦查案件，大多数都深挖了背后的其他重大职务犯罪案件，有的线索移送给监察机关以大案立案调查，侦查办案明显提质增效；在与检察业务工作融合互动中，也向刑事检察、民事检察等部门移送了一批高质量的法律监督线索，真正取得了双赢多赢共赢的良好办案效果。

四、坚持信息化与数字化相结合，不断提升机动侦查办案能力

科技武装侦查，是侦查工作的内在要求，是攻坚克难、决战决胜的核心战斗力。浙江省检察机关在职务犯罪侦查历程中积蓄了科技强侦的良好基础和宝贵经验，在新时代加强"三位一体"检察侦查工作中，始终坚持信息引导侦查、数字赋能侦查的侦查现代化先行之路。几年来，除了全部恢复、拓展金融机构、移动公司的信息查询系统外，还依法与阿里巴巴等互联网企业建立了信息查询机制。根据 2019 年中共浙江省委

制定的《关于进一步加强新时代检察机关法律监督工作的若干意见》，浙江省检察机关与监察机关、行政执法机关等建立了更广泛深刻的执法、司法信息互通共享机制，改变了执法、司法信息部门封锁、行业垄断的局面。而数字经济的先发，使得数字浙江建设进入全方位、多层面的阶段，信息化与数字化已经成为浙江检察工作、检察侦查工作两个相辅相成的现代化车轮。2022 年 6 月，最高人民检察院在浙江召开全国第一次数字检察工作会议，在总结浙江数字检察初步成效和经验的同时，极大地推进了全国检察机关的数字化步伐。检察机关的机动侦查案件，无论是实体上还是程序上，都趋于更深层次的隐蔽性、更广领域的专业性，无论是深入挖掘、发现线索，还是审查、调查核实，抑或采取侦查措施、实施讯问策略、加强协同配合、扩大办案效果等，都越来越离不开信息支撑、数字赋能。在数字检察中心大平台支持下，浙江省检察机关对检察侦查设置了专门的信息库、数据库、情报库，特别是分类建设了包括机动侦查案件的数字化应用小场景、小模块，使得机动侦查工作从线索发现到侦查终结全过程都有数字化赋能和大数据支持，使新时代的检察侦查工作从内在上提升了非接触性的现代化办案能力。可以说，坚持信息化与数字化的有机结合，使检察侦查动能有了革命性的跃升，促进了立案侦查机动侦查案件模式重塑、流程再造。

五、坚持理论与实践相结合，为机动侦查工作的创新发展添砖加瓦

浙江省检察机关对机动侦查权的先行实践、积极探索来源于确立的机动侦查权不可缺席的"三位一体"的新时代检察侦查新理念，丰富厚重的机动侦查案件办案实践又为创新检察侦查理论提供了强大的动力和可靠的依据。几年来，浙江省检察机关加强对机动侦查办案实践的总结、推广，率先在全国检察工作会议、检察侦查业务系统介绍检察侦查、机动侦查办案经验做法；在《检察日报》率先发文提出建立跨检察学、侦查学的交叉学科——检察侦查学；率先由中国检察出版社出版本省检察

机关组织编写的《新时代检察侦查概论》。浙江省检察机关在实践中总结的从"重罪名""罪行重"两个维度正确认定"重大案件"的学理意见，得到同行肯定，为正确适用机动侦查案件的法定条件提供了重要参考。而本书的编写，更是多年来浙江省检察机关机动侦查宝贵的办案实践和深刻的理性思考的结晶，充分体现了机动侦查工作的理论"从实践中来、到实践中去"的内在规律，遵循了实践、认识、再实践、再认识的实践与认识深刻的辩证关系。这也是浙江省检察机关把握机动侦查办案工作优质高效、行稳致远的重要经验。

第十三章 机动侦查案例与常用文书

第一节 机动侦查案例

一、洪某盗窃案

【关键词】

机动侦查权　深挖　徇私枉法罪　诉讼监督

【要旨】

本案是 2018 年 10 月刑事诉讼法修改后浙江省检察机关在全国率先运用机动侦查权立案侦查的国家机关工作人员利用职权实施的重大犯罪案件。检察机关在查明犯罪嫌疑人重大盗窃犯罪事实的同时，深挖查处了犯罪嫌疑人徇私枉法犯罪，并移送属地监察机关立案调查犯罪嫌疑人挪用公款的犯罪案件。这起案件是具有激活新时代检察机关机动侦查权标志意义的实践样本。

【基本案情】

2018 年 4 月以来，浙江省绍兴市公安局某区某派出所民警洪某在参与办理李某某等人寻衅滋事案期间，以重置支付宝、微信账户登录密码和转账套现等方式，将李某某手机中的支付宝账户余额、微信账户零钱及绑定的银行卡账户中的款项合计人民币 9.346351 万元非法占为己有，用于归还其个人信用卡欠款及赌球等活动。

另查明，洪某还利用办理其他刑事案件的职务便利，挪用涉案人员取保候审保证金及退赃款共计人民币 14 万元归个人使用，超过 3 个月未归还，其中部分用于赌博活动。在办理俞某某等人开设赌场、诈骗案时，洪某利用职务之便，挪用涉案人员取保候审保证金及退赃款共计人民币 9 万元，为隐瞒挪用公款事实，在明知上述案件有犯罪事实且需追究刑事责任的情况下故意中断侦查，通过在已盖有绍兴市公安局某分局印章的空白纸张上套打文书的方式，伪造《解除取保候审决定书》《撤销案件决定书》等法律文书，私自作出撤销案件处理，致使涉案人员较长时间没有被刑事追责。

2019 年 8 月 30 日，洪某因犯盗窃罪、挪用公款罪、徇私枉法罪，被判处 3 年 6 个月有期徒刑，并处罚金人民币 2000 元。

【侦查工作情况】

线索来源。李某某因发现其在被绍兴市公安局某区分局刑事拘留期间，其本人支付宝、微信账户及相关银行卡被盗刷转至民警洪某个人账户，遂举报至该公安分局。该局对洪某立案侦查后，李某某家属多次上访并向检察机关举报称公安机关立案侦办本单位民警有不公正处理嫌疑。

调查核实。绍兴市人民检察院掌握该线索后，统筹全市侦查骨干成立专案组，展开全面调查取证工作。一是通过查询银行账户、外围走访发现洪某有众多信用贷款逾期未还，且存在向多名领导、同事借款的情况，与其在因涉嫌盗窃被立案侦查后供述的财务状况恶化、借款用于网络赌博造成巨额亏损的情况相吻合，存在因为钱财利用职权实施财产犯罪的动机。二是通过收集公安、检察办案系统、看守所人员管理平台及取保候审保证金对公账户等众多平台数据，逐一排查发现洪某所办理的案件中有大量取保候审保证金、退赃款未按时缴入公安机关对公账户，部分案件长期处于侦办状态而实际未办理。三是通过询问被害人及其家属、查看信访记录、走访公安机关，发现本案已引发信访，公安执法人员知法犯法社会影响恶劣。由此，绍兴市人民检察院经商请公安机关向浙江省人民检察院提请直接受理侦查洪某盗窃案。

立案侦查。绍兴市人民检察院专案组制定审讯突破、外围调查、数据排查"三同步"侦查方案展开侦查，同时做好与公安、监委办案程序衔接，发挥各自职能优势，深挖出洪某除涉嫌盗窃犯罪外的涉嫌徇私枉法、挪用公款等犯罪事实。一方面，强化以证促供、以智取胜的讯问策略。专案组充分运用已经掌握的大量证据增强讯问的威慑力，并以认罪认罚从宽制度开展对洪某针对性的法治教育、心理疏导，促使犯罪嫌疑人较快交代了部分挪用取保候审保证金的犯罪事实及套打伪造法律文书私自作出撤销案件处理后才归还挪用款项，实际造成了该案 4 名犯罪嫌疑人长期脱离侦控的徇私枉法的犯罪事实。另一方面，监检程序衔接形成合力。专案组将洪某涉嫌挪用公款罪的犯罪线索依法移送至监察委员会，就案件涉及的管辖问题召开专题联席会议，就管辖和配合问题达成一致意见，由检察机关和监察机关依照各自职权对案件进行侦查和调查，并由检察机关依法合并审查起诉。

侦查终结。针对洪某利用职务之便保管扣押物品，通过重置密码转移第三方支付平台账户资金定性争议，专案组进行了充分论证，组织系统内外知名专家学者进行研讨，最后准确认定洪某行为构成盗窃罪且数额巨大，对洪某以盗窃罪、徇私枉法罪侦查终结，移送起诉。

【典型意义】

（一）充分发挥发现线索的主观能动性。检察机关控告、申诉检察部门与案件管理部门联动形成监督合力，及时锁定案件线索，并移送检察侦查部门，为机动侦查立案赢得了主动。检察机关在履行对侦查活动法律监督过程中主动加强与公安机关的联系，将该基层公安民警涉嫌利用职权实施的重大盗窃犯罪案件纳入机动侦查案件的立案程序。同时，强化职业敏锐性，以案件带线索，深挖犯罪嫌疑人徇私枉法的职务犯罪事实，成功探索了以机动侦查办案带动直接侦查办案的检察侦查工作新路径。

（二）认真践行"双赢多赢共赢"理念。检察机关对线索依法审查后认为，作为民警的犯罪嫌疑人实施的盗窃犯罪案件由其所在地的公安机关立案侦查，既不利于取得良好的办案效果，也不符合回避制度，有损执法、司法的公信力。公安机关对检察机关以机动侦查案件立案侦查的意见表示理解和支持。在立案侦查过程中，针对公安机关办案环节存在的该立不立，取保候审保证金、赃款等管理混乱，部分案件"人为下行"无人监督等明显监管漏洞，检察机关依法充分运用立案监督、纠正违法、检察建议、"检察提示"等多种法律监督方式，督促公安机关及时整改、建章立制、加强监管，从而实现侦查办案双赢多赢共赢的良好效果。

（三）探索依法惩治职务犯罪的新模式。在本案中，犯罪嫌疑人作为司法工作人员涉嫌盗窃、徇私枉法、挪用公款等多种职务犯罪事实，检察机关在适用机动侦查权对盗窃罪依法立案侦查过程中依法及时对涉嫌的徇私枉法犯罪立案侦查，并第一时间将犯罪嫌疑人涉嫌挪用公款的犯罪线索依法移送有管辖权的监察机关。检察机关、监察机关分别对犯罪嫌疑人涉嫌的犯罪依法立案侦查、立案调查，并由检察机关依法合并审查起诉，从而形成办案合力，确保了办案取得良好的政治效果、法律效果和社会效果。

【相关规定】

《中华人民共和国刑法》第三百九十九条

《中华人民共和国刑事诉讼法》第十九条

《最高人民检察院关于人民检察院立案侦查司法工作人员相关职务犯罪案件若干问题的规定》

《最高人民检察院关于渎职侵权犯罪案件立案标准的规定》第五条

二、陈某龙组织卖淫案

【关键词】

组织卖淫　三个侦查　一并立案　类案拓展

【要旨】

检察机关坚持"三个侦查"一体履职，践行"在办案中监督，在监督中办案"的理念，提升法律监督整体质效。对于司法工作人员同时存在涉嫌利用职权实施的由公安机关管辖的重大犯罪与检察机关管辖的相关渎职犯罪，从公正和效率两个维度开展同步立案侦查工作。以大数据赋能机动侦查为动力，深入推进法律监督工作从个案向类案拓展。

【基本案情】

2014 年下半年至 2015 年 9 月，杭州市公安局某区分局民警陈某龙以牟利为目的，与程某忠、翁某民等人合谋在杭州市某区开设会所，招募卖淫女从事卖淫活动。由程某忠等人提供场所、出资，由陈某龙利用自己获知的公安打击涉黄行动信息，控制会所营业、歇业周期，参与招募员工、分红等活动。2015 年 8 月至 9 月，该会所组织 15 名卖淫女从事卖淫活动 300 余次，陈某龙非法获利人民币 5 万余元。2015 年 9 月 6 日，会所被公安机关查处后，翁某民因犯组织卖淫罪被判刑，但陈某龙与程某忠、翁某民串供，掩盖自己罪行，并减轻程某忠责任，致使程某忠仅以容留卖淫定罪轻判。另查明，陈某龙明知罗某永从事组织卖淫犯罪活动，多次在公安机关开展打击涉黄违法犯罪专项行动时向罗某永通风报信、泄露警情信息，导致其一直未被查处，造成恶劣社会影响。

2020 年 11 月 19 日，陈某龙因犯组织卖淫罪、滥用职权罪、受贿罪，被判处有期徒刑 13 年，剥夺政治权利 3 年，并处罚金人民币 20 万元。

【侦查工作情况】

线索来源。2020 年 1 月，杭州市人民检察院刑事检察部门在审查起诉"雪峰"系列组织卖淫案过程中发现有同案犯供述、其他证据充分的情况下，主犯戴某镭仍拒不认罪的异常现象，决定开展自行（补充）侦查；并认为案件背后可能存在司法工作人员相关职务犯罪线索，于是商请检察侦查部门协助自行（补充）侦查，同步对相关职务犯罪线索开展调查核实。

调查核实。一是认罪认罚从宽制度引导被告人认罪。利用被告人戴某镭存在的侥幸心理，办案人员严肃强调其作为犯罪团伙的主犯拒不供述犯罪必然对共同犯罪承担全部的法律责任，必然得到法律严惩的后果，使其不仅供述在杭州"雪峰"大厦实施组织卖淫犯罪长达一年的事实，还供述陈某龙为罗某永组织卖淫场所提供庇护，以及陈某龙提到过曾与朋友程某忠、翁某民合伙实施组织卖淫犯罪等情况。二是完善证据体系。分别提审同案在押犯罗某永、程某忠、翁某民，证实陈某龙收受利益后，为罗某永组织卖淫活动通风报信。三是查清订立攻守同盟的事实。陈某龙与程某忠、翁某民共同实施组织卖淫犯罪活动，被公安机关查处过程中，陈某龙与程、翁二人串供、掩盖自己罪行、减轻程某忠责任，导致程某忠仅因犯容留卖淫罪被轻判。

检察机关认为，陈某龙同时涉嫌组织卖淫罪、滥用职权罪，两罪利用的职权存在关联，事实存在交叉，从保证案件公正办理、提升司法效率的角度考虑，由检察机关一并查清全案更为适宜。由此，杭州市人民检察院向浙江省人民检察院提请直接受理立案侦查陈某龙组织卖淫案。同时，对陈某龙涉嫌受贿犯罪线索移送有管辖权的监察机关立案调查。

立案侦查。一是经数据分析发现，陈某龙资金支出较大，有多笔疑似投资入股足浴场所的行为；陈某龙较大可能系因离异独自育子产生资金需求，进而利用职权从事组织卖淫活动牟利，有通过亲情感化的余地。二是由单一突破口供转向细致周延的外围取证、以证促供。技术恢复并全面梳理涉案人员手机数据，锁定陈某龙向翁某民亲属承诺为翁某民聘请律师、帮助清偿债务、关照后续狱内生活的通信信息，且与转账记录相印证。三是通过获取犯罪嫌疑人陈某龙的有罪供述，商请职务犯罪检察部门提前介入，结合刑事检察部门的意见，围绕相关联的数个犯罪事实，与监察机关调查工作相衔接，周密开展调查取证，构建完整证据链。

侦查终结。2023年10月，本案以陈某龙涉嫌组织卖淫、滥用职权罪侦查终结并移送审查起诉。针对办案中发现与陈某龙组织卖淫共犯程某忠以容留卖淫罪被轻判的情况，检察机关提起抗诉，后程某忠被改判组织卖淫罪，判处有期徒刑 10 年 6 个月。

【典型意义】

（一）坚持"三个侦查"一体履职，增强办案合力。这是一起检察机关"三个侦查"职权一体履行的典型案例。民警利用职权实施的重大犯罪线索和严重的滥用职权犯罪线索，均来自检察机关对一起重大刑事案件审查起诉时决定自行（补充）侦查的过程。面对这起错综复杂的案件，为了提高办案质量和效率，根据必要和可能，检察机关依法实行自行（补充）侦查、直接侦查、机动侦查"三个侦查"一体履职的办案模式，形成了各项侦查办案职能的集成优势；并通过主动向监察机关移送受贿案件线索，推进了检察侦查与监察调查工作的同步进行，在办案的力度、广度和深度上真正形成了合力。

（二）坚持审查、调查、侦查工作的有机融合，提升监督质效。始终在加强检察机关法律监督工作的全过程增强侦查意识。本案中刑事检察部门既严格把握审查起诉案件的质量关，又有敏锐的侦查意识，在决定自行（补充）侦查的同时，将有关职务犯罪的线索移送检察侦查部门，并对检察侦查部门的调查取证工作进行有的放矢的专业指导；而检察侦查部门在开展机动侦查、直接侦查工作过程中，又主动争取职务犯罪检察部门的审查把关，使得检察机关立案侦查活动与其他办案活动良性互动、一体推进，从而确保案件事实清楚、证据确实、定性准确、惩治有力，真正取得办案质量高、效率高、效果好。

（三）坚持数字赋能检察侦查，探索检察侦查模式的变革。这起"三个侦查"一体履职的重要办案经验，就是数字检察在检察侦查办案全域上的落地生根。根据直接侦查、机动侦查的办案规律和特点，属地检察机关构建了涉黄、涉赌、涉毒以及非法经营等大数据办案模型，重点关注多次被行政处罚后才被刑事立案查处的案件，关注被异地公安机关查处的案件，并与检察业务系统相关数据相互碰撞，寻找数据交汇点。本案中，这些数据对于指引精准调查、高效讯问，尤其是汇集高质量的线索、扩张办案的空间，有着决定性作用；并推进了从"个案办理"到"类案监督""系统治理"的法律监督效能的质的跨越。

【相关规定】

《中华人民共和国刑法》第三百五十八条、第三白九十七条、第二百八十五条、第二十五条、第六十七条、第六十九条

《中华人民共和国刑事诉讼法》第十九条

《最高人民法院、最高人民检察院关于办理渎职刑事案件适用法律若干问题的解释（一）》第一条、第三条

《最高人民法院、最高人民检察院关于办理组织、强迫、引诱、容留、介绍卖淫刑事案件适用法律若干问题的解释》第二条

《最高人民法院、最高人民检察院关于办理贪污贿赂刑事案件适用法律若干问题的解释》第一条、第十九条

《人民检察院刑事诉讼规则》第三百五十七条

三、徐某盗窃、诈骗案

【关键词】

失信人员数据库　数字模型　社会治理　检察建议

【要旨】

检察机关强化检监协作，着力探索数字侦查模式，运用审查、调查、侦查"三查融合"思维和方法，深入发现普通刑事案件背后的司法工作人员职务犯罪线索；围绕"失信人员"这一核心要素，依托信息共享优势，进一步挖掘类案监督线索；将侦办发现的审判监督线索移送刑事检察条线，推进检察监督职能的深度融合。

【基本案情】

2021 年 5 月至 10 月，湖州市公安局某区分局派出所民警徐某因赌博导致个人大量借款逾期，遂在办理殷某龙等 30 余人污染环境案期间，利用职务便利盗窃、诈骗多名案件当事人钱款共计 200 余万元。另查明，徐某在办理该污染环境案中存在滥用职权多收取保候审保证金以及给个别犯罪嫌疑人少定、不定相应犯罪事实，减轻对犯罪嫌疑人的处罚的情况。

2023 年 11 月 6 日，徐某因犯盗窃罪、诈骗罪、滥用职权罪被判处有期徒刑 16 年，并处罚金人民币 10 万元。

【侦查工作情况】

线索来源。2022 年初，湖州市某区人民检察院在办案中发现辖区原民警徐某存在异常离职、大量不良外债等异常情况。湖州市、某区两级检察机关刑事检察部门围绕有无重大犯罪、利益输送、降格处理、压案不查等方面，对徐某所在派出所移送的特别是徐某办理的刑事案件展开全面审查。经审查发现，徐某办理的殷某龙等多人污染环境犯罪案中，与多名案件的犯罪嫌疑人存在银行流水往来，经进一步询问部分涉案人员，发现徐某可能涉嫌盗窃、诈骗犯罪，遂将重大侦查线索移送至湖州市人民检察院检察侦查部门调查处理。

调查核实。通过对徐某办理的相关涉嫌犯罪的重点人员银行流水进行碰撞，证实徐某账户有大额频繁的不明资金输入，徐某存在利用办案职权实施财产类犯罪的重大嫌疑。围绕污染环境案的涉案金额、法定情节等开展实质性核查，进一步发现徐某还存在给个别嫌疑人少定、不定相应犯罪事实的违法行为，涉嫌滥用职权罪。在对该线索核查过程中，检察机关还发现相关公安机关曾多次接到对徐某不法行为的举报，没有反映已经作过调查处理，在检察机关掌握线索时，徐某已经离职。在检察机关调查期间，已经离职的徐某迫于压力主动投案交代了自己利用职权实施盗窃、诈骗的严重犯罪事实。据此，经浙江省人民检察院决定，对本案由湖州市人民检察院适用机动侦查权立案侦查。

立案侦查。一是湖州市人民检察院与公安机关、监察机关沟通协调，就此案由检察机关直接受理形成共识，经层报浙江省人民检察院决定后以机动侦查权立案侦查。二是侦查人员先后赴省内外 7 个市、县完成对 30 余名被害人的调查取证，彻底查实徐某盗窃、诈骗犯罪事实。三是对徐某办理的刑事案件开展实质性审查，通过执法、司法信息查询系统、检察大数据中心等获取大量隐蔽性、技术性证据，丰富、深化了案件事实，深挖徐某利用职务之便给个别犯罪嫌疑人少定、不定部分犯罪事实、违规收取保证金等滥用职权的犯罪行为。

侦查终结。2022 年 5 月 10 日，本案以徐某涉嫌盗窃罪、诈骗罪、滥用职权罪侦查终结并移送审查起诉，并注重做好"后半篇文章"。一方面，鉴于本案涉案金额高、人数众多，而徐某无力归还，可能造成群体性事件和重大舆情的情况，检察机关在积极做好释法说理工作，化解被害人的不满情绪的同时，对外会同公安机关积极协调相关职能部门、慈善机构、公益组织对被害人予以基本生活补助；对内由控告、申诉检察部门为被害人争取司法救助金，保证了案件侦查、起诉、审判的顺利进行。另一方面，针对徐某在办理殷某龙等污染环境犯罪案件中滥用职权行为导致定罪量刑严重不当的结果，及时向刑事检察部门提供有价值的法律监督线索，深化、共享侦查成果。

【典型意义】

（一）强化数据归集，探索数字赋能机动侦查的新路径。检察机关强化对近年来立案侦查司法工作相关职务犯罪案件、司法工作人员利用职权实施重大犯罪案件发案规律、原因分析，靶向瞄准司法工作人员"失信""异常离职"等高危风险因素，建立专门数据库，对可疑重点人员实行分级分类标签化管理。依托数据库＋数字模型，形成"数据碰撞发现线索—案件数据分析、收集—确定犯罪嫌疑人—立案数据转化为证据—破案的数据驱动"型侦查模式，成功查处一批司法工作人员利用职权实施的相关犯罪案件，探索出一条以大数据集成精准导航侦查的现代气息的机动侦查路径。

（二）推动多元融合，实现机动侦查办案效果最大化。检察机关立案侦查机动侦查案件，就是依法贯彻检察一体化的过程，侦查全过程都要充分体现由上而下、由内到外的一体化办案的理念、思路和方式。实践中，要特别强化以侦查为引领的各项检察职能的一体化，推进跨部门、跨领域、跨专业的法律监督线索、数据、手段、流程、结果的融合与再造。以目标为导向、以共享为动力，建立开放型、复合型的侦查团队、办案组，充分发挥各项检察业务、信息技术对机动侦查办案的专业、智能支持，实现了检察机关办理机动侦查案件的优势叠加和效能倍增。

（三）坚持治罪与治理的统一，增强办理机动侦查案件的公信力。大数据应用在机动侦查领域，对实现治罪到治理、治标到治本有着重大变革性意义。检察机关既要善于通过大数据挖掘高质量有附加值的检察侦查、法律监督线索，精准办好每一起机动侦查案件；又要善于以法治思维和法治方式发挥惩治犯罪与预防犯罪双重职能。结合近年来查办的失信司法工作人员相关职务犯罪案件中暴露出来的赌博、涉案财物管理等突出问题，检察机关举一反三，有针对性地向公安机关制发高质效的检察建议，得到公安机关的重视采纳。

【相关规定】

《中华人民共和国刑法》第二百六十四条、第二百六十六条、第三百九十七条

《中华人民共和国刑事诉讼法》第十九条第二款

《人民检察院刑事诉讼规则》

《最高人民检察院关于人民检察院立案侦查司法工作人员相关职务犯罪案件若干问题的规定》

《最高人民检察院关于渎职侵权犯罪案件立案标准的规定》

四、杨某卫、张某峰、方某军非法经营案

【关键词】

烟草专卖　非法经营　监检协作

【要旨】

检察机关运用机动侦查权立案侦查行政执法领域的国家机关工作人员利用职权实施的重大的共同犯罪案件，发挥了对特定行政执法活动法律监督的职能作用。深化监检分工、协作，完善案件线索双向移送和监察调查、检察侦查协同推进的工作机制，在依法惩治国家机关工作人员职务犯罪上形成合力。

【基本案情】

2016 年 9 月至 2017 年 8 月，杨某卫、张某峰（基层公安民警）及方某军（社会无业人员）等三人为谋取非法利益，经事先商量，由杨某卫出资 10 万元、张某峰出资 30 万元、方某军出资 60 万元，利用杨某卫时任甲市烟草专卖局专卖监督管理处副处长、行使烟草专卖市场稽查和查处违反烟草专卖行为的职权便利，从福建泉州吴某良处购买"出口倒流的国产卷烟"和"无标志外国卷烟"，违反烟草专卖的相关法律规定，售卖给吴某娟等人，非法经营数额 150 余万元。同时，杨某卫还存在受贿犯罪事实。

2024 年 3 月 19 日，张某峰因犯非法经营罪，被判处有期徒刑 3 年，缓刑 4 年，并处罚金人民币 5 万元。2024 年 8 月 20 日，杨某卫因犯非法经营罪，被判处有期徒刑 3 年，并处罚金人民币 5 万元；犯受贿罪，被判处有期徒刑 3 年，并处罚金人民币 20 万元；决定执行有期徒刑 3 年 10 个月，并处罚金人民币 25 万元。两被告人均未上诉。

方某军因犯非法经营罪，另案处理。

【侦查工作情况】

线索来源。甲市检察机关在提前介入乙市烟草专卖局副局长杨某卫受贿案时发现，杨某卫还涉嫌利用行使烟草专卖市场稽查和查处违反烟草专卖行为的职权与他人共同贩卖特殊卷烟的犯罪事实。经充分沟通，依据法律规定以及监检衔接机制，甲市监察机关将杨某卫利用职权实施的重大犯罪案件线索移送甲市人民检察院。

调查核实。一方面，利用乙市人民检察院刑事检察部门提前介入杨某卫受贿案的有利时机，讯问正被留置的杨某卫，调查其非法经营犯罪事实；另一方面，针对方某军正在服刑（2022 年 6 月 8 日因犯销售伪劣产品罪被判刑 4 年 6 个月），并未意识到自己涉嫌非法经营犯罪的情况，办案人员重点获取了方某军的有罪供述，基本反映了杨某卫、张某峰、方某军 3 人共同实行非法经营的犯罪事实。据此，金华市人民检察院报告并依据浙江省人民检察院决定，对杨某卫等 3 人以非法经营罪立案侦查。

立案侦查。针对本案是由 3 人构成的共同犯罪，检察机关在办案中充分运用侦查共同犯罪案件的策略：一是全面获取言词证据。紧扣关键时点、地点和事件，进一步讯问杨某卫、张某峰，使得杨某卫、张某峰的有罪供述逐步清晰，并与方某军的供述得到相互印证，形成比较完整的言词证据链。二是果断采取搜查措施。作为一名基层民警，张某峰有较强的反侦查能力，有罪供述也不稳定。侦查人员在加强讯问、外围调查的同时，果断对其住所、办公室进行搜查，从中发现并扣押手机五部、硬盘一只、一体机一台等物证。三是采取科学的技术取证方法。对被扣押的物品、物证进行数据恢复、技术固定，形成丰富的证据体系，充分证实杨某卫、张某峰、方某军非法经营进销货、对账单等重要违法犯罪事实，成为认定张某峰等 3 人共同构成非法经营罪的有力证据。

侦查终结。本案作为共同犯罪，3 名被告人在案情况又各有不同，为确保办案质效，在侦查终结时机上有所差异。2023 年 11 月 9 日，对张某峰非法经营罪侦查终结，同日移送审查起诉；2023 年 12 月 28 日，对杨某卫非法经营罪侦查终结，同日移送审查起诉；2024 年 8 月 20 日，对仍在服刑的罪犯方某军非法经营罪侦查终结，同日移送审查起诉。

【典型意义】

这是一起检察机关以机动侦查权立案侦查国家机关工作人员利用职权伙同其他人员实施的重大共同犯罪案件，也是检察机关激活机动侦查权过程中比较早立案侦查的一起非司法工作人员利用职权实施的重大犯罪案件。办理这起比较特殊的机动侦查案件，有着重要意义。

（一）加强监检衔接协同，是检察机关开辟机动侦查案源的重要途径。根据监察法的规定，国家监察机关对所有公职人员的职务行为实行监察监督全覆盖。由于公职人员职务犯罪行为的复杂性、隐蔽性、对抗性，在监察机关依法对公职人员严重违法违纪行为采取留置措施审查、调查过程中，会发现一些非监察机关管辖的犯罪案件线索。而根据监检衔接机制，检察机关的职务犯罪检察部门有提前介入监察调查的有利条件，即能够及时发现一些依法可以由检察机关管辖的重大犯罪线索。本案就是由检察机关提前介入监察机关调查过程中发现的很有价值的机动侦查案件线索，全过程得到监察机关的配合、支持。这是监察机关与检察机关在反腐败斗争中形成合力的有益做法，意义现实而深远。

（二）拓展案件适用范围，是充分发挥机动侦查职能作用的必然趋势。《刑事诉讼法》第十九条第二款规定的适用机动侦查权的案件是"公安机关管辖的国家机关工作人员利用职权实施的重大犯罪案件"，远比检察机关适用直接侦查权的案件（司法工作人员相关职务犯罪）范围广得多。而检察机关在激活机动侦查权初期，主要聚焦在司法工作人员利用职权实施的重大犯罪，适用范围有明显的局限性。本案不仅把适用机动侦查权的案件范围拓展到了行政执法领域，而且以共同犯罪的形式立案侦查，从广度和深度上使机动侦查职能作用得到充分发挥。同时，以共同犯罪认定一并追究非国家机关工作人员的刑事责任，需要检察机关更好地把握侦查策略、注意区别对待，以取得更加良好的办案效果。

（三）构建完整证据体系，是高质效办理机动侦查案件的根本保证。适用机动侦查权的案件是公安机关管辖的案件，犯罪主体是国家机关工作人员，本质上体现了检察机关的法律监督，在办案的质效上有着更高的要求。检察机关立案侦查机动侦查案件，必须把全面调查证据、形成完整的证据链和充分的证据力作为办案的首要任务。本案中，检察机关以不同方式获取了犯罪嫌疑人的有罪供述，形成了共同犯罪案件有罪供述的内在一致性；立案之后不失时机对具有反侦查能力的民警张某峰的住宅、办公室进行搜查，提取了大量技术证据、数据资料，这些数字化证据不仅具有直接证据、原始证据的效力，而且与其他的证据形成了相互印证的完整的证据体系。这从根本上确保了办案的高质效，提高了检察机关履行机动侦查权的权威性和公信力。

【相关规定】

《中华人民共和国刑法》第二百二十五条

《中华人民共和国刑事诉讼法》第十九条第二款

《人民检察院刑事诉讼规则》

第二节　机动侦查常用文书

一、提请批准直接受理请示报告

提请批准直接受理请示报告是提请省级检察院是否启动机动侦查权的必经程序和主要依据，检察侦查部门和办案的员额检察官应当认真规范制作提请批准直接受理请示报告。提请批准直接受理请示报告应当全面记载调查认定的事实和证据。

提请批准直接受理请示报告主要内容有：

1.案由、案件来源。

主要写明案件涉嫌的罪名及线索的来源。线索来源应写明线索的具体来源，系办案过程中发现或纪委、监委等机关移送，或群众举报等。

2. 被调查对象或被调查事件的基本情况。

被调查对象的基本情况，应写明被调查对象的姓名、性别、出生年月、身份证号、文化程度、工作单位及职务、住址等；曾受到过行政处罚、刑事处罚的时间、原因、种类、决定机关、执行情况及释放时间等；已被采取强制措施的，写明被采取强制措施的时间、名称及执行机关等。

被调查事件的基本情况，应写明被调查事件发生的时间、地点、涉及单位、造成后果等。

3. 请示的具体问题。

4. 调查认定的事实及证据。

（1）事实部分

应写明经调查核实认定的事实。包括被调查对象实施行为时的动机、目的、时间、地点、行为过程、手段、情节、数额、危害结果等。

所认定的事实无论是一人多罪还是多人多罪，都应逐一叙写。

叙写案件事实一般按照时间顺序进行。多人多罪的，也可按照先主犯后从犯或先重罪后轻罪的顺序。

对于作案多起，犯罪手段、危害后果等方面相同的案件事实，可以先对相同的情节进行概括叙述，之后再逐一叙述每起事实的具体时间、后果等情况，不必叙述每一起犯罪事实的详细过程。

（2）证据部分

应写明全案具体的证据。叙写证据要全面、客观、具体，每个或每组证据均应写明证明的具体内容。

叙写证据时一般应采用"一事一证"的方法，即案件事实与证据相对应，一事实列出相应的证据，再写一事实列出相应证据；对于多起案件事实，如果事实是概括叙述性的，叙写证据也可以采取"一罪一证"的方式，即在该种犯罪后列出证据。

同一事实的证据可按照直接、间接证据或证明程度等顺序叙写。

叙写证据内容应详尽，尤其对关系到定罪的情节、细节要力求具体、全面，以充分保持该证据的客观性。

5. 评估办案风险。

写明办案中成案风险、取证风险、办案安全风险等，进行充分评估。

（1）成案风险。根据线索内容、调查核实的证据情况、取证难度、法律的具体规定等，详细分析可能影响案件定罪的疑点、难点，充分评估案件是否存在侦查后可能撤案等风险。

（2）取证风险。根据调查核实过程中可能存在相关机关或证人不配合、相关人员串供、证人的生理心理存在问题等取证过程中的风险进行充分评估。

（3）办案安全风险。针对具体案情、办案环境、被调查对象的犯罪行为、身体状况和认罪态度、可能存在的突发情况、办案可能带来的社会效果等办案安全风险进行充分评估。

6. 拟定侦查方案。

应写明由哪个检察院立案侦查、拟立案时间、以何罪名立案侦查、采取何种强制措施等。

二、批准直接受理决定书

××××人民检察院
批准直接受理决定书
（存　根）

××检××准受〔20××〕×号

案　由＿＿＿＿＿＿＿＿＿＿＿＿＿＿＿＿＿＿＿＿＿

涉案人基本情况（姓名、性别、出生日期、公民身份号

码、工作单位、住址、是否人大代表、政协委员）＿＿＿＿＿

＿＿＿＿＿＿＿＿＿＿＿＿＿＿＿＿＿＿＿＿＿＿＿＿＿

＿＿＿＿＿＿＿＿＿＿＿＿＿＿＿＿＿＿＿＿＿＿＿＿＿

批准理由＿＿＿＿＿＿＿＿＿＿＿＿＿＿＿＿＿＿＿＿＿

送达单位＿＿＿＿＿＿＿＿＿＿＿＿＿＿＿＿＿＿＿＿＿

批　准　人＿＿＿＿＿＿＿＿＿＿＿＿＿＿＿＿＿＿＿＿＿

办　案　人＿＿＿＿＿＿＿＿＿＿＿＿＿＿＿＿＿＿＿＿＿

办案部门＿＿＿＿＿＿＿＿＿＿＿＿＿＿＿＿＿＿＿＿＿

填发时间＿＿＿＿＿＿＿＿＿＿＿＿＿＿＿＿＿＿＿＿＿

填　发　人＿＿＿＿＿＿＿＿＿＿＿＿＿＿＿＿＿＿＿＿＿

第一联　统一保存

×××× 人民检察院

批准直接受理决定书

（副　本）

×× 检 ×× 准受〔20××〕× 号

_____ 人民检察院：

你院_____ 年____月____日_____ 号提请批准直接受理
书收悉。根据《中华人民共和国刑事诉讼法》第十九条的规定，
经审查，决定批准你院对犯罪嫌疑人_____ 涉嫌_____ 一案
直接受理立案侦查。

20×× 年 × 月 × 日

（院印）

第二联　附卷

×××× 人民检察院
批准直接受理决定书

×× 检 ×× 准受〔20××〕× 号

_____人民检察院：

你院_____年____月____日_____号提请批准直接受理书收悉。根据《中华人民共和国刑事诉讼法》第十九条的规定，经审查，决定批准你院对犯罪嫌疑人_____涉嫌_____一案直接受理立案侦查。

20×× 年 × 月 × 日

（院印）

第三联　送达提请直接受理的人民检察院

制作说明

一、本文书依据《中华人民共和国刑事诉讼法》第十九条和《人民检察院刑事诉讼规则》第十三条、第十五条的规定制作。为省级以上人民检察院决定批准下级人民检察院需要直接受理公安机关管辖的国家机关工作人员利用职权实施的重大犯罪案件时使用。主送提请批准直接受理的人民检察院。

二、本文书以案为单位制作。

三、本文书共三联，第一联统一保存备查，第二联由省级以上人民检察院存卷备查，第三联送达提请直接受理的人民检察院。

三、提请立案报告

立案是我国刑事诉讼的独立、必经诉讼阶段。人民检察院对某犯罪嫌疑人或犯罪事实进行立案，标志着对犯罪嫌疑人追诉活动的开始。提请立案报告是人民检察院负责侦查的部门依据《刑事诉讼法》第一百一十二条、《人民检察院刑事诉讼规则》第一百七十一条第一款的规定，在立案审查中发现确定有犯罪事实或犯罪嫌疑人存在，需要追究刑事责任，符合立案条件的案件，报请检察长决定是否立案之时制作的检察工作文书。

（一）提请立案报告主要内容

1. 被调查对象基本情况

写明被调查对象的姓名、性别、出生年月、身份证号码、民族、籍贯、文化程度、政治面貌、工作单位、职务、职级、现住址等。有多名被调查对象的，应按涉嫌犯罪情节轻重逐一写明。应当注意，报告不宜使用"犯罪嫌疑人""侦查对象"等称谓。

2. 线索来源及涉嫌的主要问题

这一部分应当写明案由、线索来源、涉嫌的主要问题和立案审查过程。线索来源具体为举报、自首、自行发现、有关部门移送、上级交办等。写明案件受案、初查的时间，在立案审查期间所采取的立案审查措施及立案审查过程。以"现已立案审查终结"为本段结尾。

3. 立案审查认定的案件事实

以"一事一证"的方式，详细写明案件线索经立案审查后，被调查人（被举报人）构成犯罪、不构成犯罪或者无法获取犯罪证据等情况，并写明认定上述事实的证据或理由。

证据一般应按照从客观性证据到主观性证据的原则排列。应当根据具体案件情况，围绕刑法规定的立案应具备的条件和涉嫌罪名的构成要件叙写，包括犯罪时间、地点、经过、手段、危害后果等与犯罪有关的事实要素。

对于只有一名被调查人（被举报人）的案件，被调查人（被举报人）实施多次犯罪的事实应逐一列举，同时触犯数个罪名的事实应按主次顺序分别列举；对于共同犯罪案件，按被调查人（被举报人）的主从顺序，写明被调查人（被举报人）的共同犯罪事实以及各自的地位和作用。

4. 立案侦查的理由及法律依据

根据犯罪概念、犯罪构成、立案应具备的条件对案件进行高度概括归纳，写明："综上所述，被调查对象××……（犯罪行为），其行为已触犯《中华人民共和国刑法》第×条之规定，涉嫌××罪，符合立案条件。为了查清全案，依据《中华人民共和国刑事诉讼法》第十九条，经请示，××年××月××日省检察院已批准本院对该案直接受理立案侦查。依据《中华人民共和国刑事诉讼法》第一百一十二条、《人民检察院刑事诉讼规则》第一百七十一条第一款的规定，提请立案侦查。"

5. 需要说明的问题

对与本案线索有关且需要说明的问题应逐一说明。如被调查对象涉及其他犯罪的问题，该案是否存在成案风险问题，立案审查过程中发现的问题等。

（1）成案风险。要全面考虑成案风险。如果该案存在成案风险，要将存在何种成案风险、能否应对该风险、如何应对风险等问题描述清楚。

（2）取证风险。要妥善处置取证风险。案件存在取证风险的，要将存在何种取证风险、如何应对风险、在不能获取某证据的情况下如何处置等问题描述清楚，以便检察长综合考量全案事实和证据情况，作出立案决定。

（3）办案安全风险。针对具体案情、办案环境、被调查对象的犯罪行为、身体状况和认罪态度、可能存在的突发情况、办案可能带来的社会效果等办案安全风险进行充分评估。

（二）格式样本

×××人民检察院
提请立案报告

××检××请立〔××××〕××号

被调查对象×××，性别，××××年××月××日出生，身份证号码，民族，籍贯，文化程度，政治面貌（如系人大代表、政协委员，一并写明具体级、届代表、委员及代表、委员号），工作单位，职务，职级，现住址等。（有多名被调查对象的，应按涉嫌犯罪情节轻重逐一写明）

线索来源及涉嫌的主要问题：×××涉嫌×××犯罪的案件线索，……（写明案由和线索来源，来源具体为举报、自首、自行发现、有关部门移送、上级交办等）。经检察长决定，开始立案审查。……（简要写明所采取的立案审查措施及立案审查过程）。现已立案审查终结。

经立案审查查明：……（详细叙写每一线索经立案审查后构成犯罪）。

立案审查查明上述事实，……（写明认定上述事实的证据或理由）可以认定。

综上所述，×××涉嫌×××犯罪的案件线索，经立案审查，……（写明符合立案条件的具体理由），符合立案条件。依据《中华人民共和国刑事诉讼法》第十九条，经请示，××年××月××日省检察院已批准本院对该案直接受理立案侦查。依据《中华人民共和国刑事诉讼法》第一百一十二条、《人民检察院刑事诉讼规则》第一百七十一条第一款的规定，提请立案侦查。

需要说明的问题：

……（如与本案线索有关且需要说明的问题逐一说明）。

当否，请批示。

承办人：×××

××××年××月××日

附件：1.侦查计划

　　　2.侦查安全防范预案

制作说明

一、本文书依据《中华人民共和国刑事诉讼法》第一百一十二条、《人民检察院刑事诉讼规则》第一百七十一条第一款的规定制作。为提请立案时使用。

二、本文书的主要内容包括被调查对象基本情况、线索来源及涉嫌的主要问题、立案审查查明的情况等。

三、本文书可后附侦查计划、侦查安全防范预案。

四、侦查终结报告

侦查终结报告（移送审查起诉用）系人民检察院负责侦查的部门依据《中华人民共和国刑事诉讼法》第一百六十八条及《人民检察院刑事诉讼规则》第二百三十七条的规定，在侦查终结将犯罪嫌疑人移送审查起诉时使用的检察工作文书。

（一）侦查终结报告主要内容

1.犯罪嫌疑人基本情况

包括犯罪嫌疑人姓名（别名、曾用名、绰号等）、性别、出生年月日、公民身份号码、民族、籍贯、文化程度、职业或工作单位及职务、住址、政治面貌，犯罪嫌疑人简历及前科情况（含犯罪嫌疑人因违法犯罪行为所受到的刑事处罚及行政处罚情况）。案件有多名犯罪嫌疑人的，根据其罪行由重到轻逐一写明。

2. 案件来源

检察机关获取案件线索或受理案件的来源，包括单位或者公民举报、控告、上级交办、有关部门移送、本院其他部门移交以及办案中发现等，如果是举报、控告的注意不能出现具体的姓名。

应当注明："本院于 × 年 × 月 × 日提请省检察院批准直接受理。× 年 × 月 × 日省检察院批准本院对该案直接受理立案侦查。× 年 × 月 × 日本院对犯罪嫌疑人 × × 涉嫌 × × 罪正式立案侦查。"

3. 主要案件事实

该部分先单起一段写明本案已侦查终结，表述为"犯罪嫌疑人 × × 涉嫌 × × 案，现已侦查终结"。再另起一段以"经依法侦查，查明："引出具体案件事实。

案件事实部分需概括叙写经检察机关侦查认定的犯罪事实，包括犯罪时间、地点、经过、手段、目的、动机、危害后果等与定罪有关的事实要素。应当根据具体案件情况，围绕刑法规定的该罪构成要件，简明扼要叙述。

对于只有一个犯罪嫌疑人的案件，犯罪嫌疑人实施多次犯罪的犯罪事实应逐一列举；同时触犯数个罪名的犯罪嫌疑人的犯罪事实应该按照主次顺序分别列举；对于共同犯罪的案件，写明犯罪嫌疑人的共同犯罪事实及各自在共同犯罪中的地位和作用后，按照犯罪嫌疑人的主次顺序，分别叙述各个犯罪嫌疑人的单独犯罪事实。

4. 主要证据

该部分以"认定上述事实的证据如下"引出对证据的列举。叙写证据时一般应当采取"一事一证"的方式，即在每叙述一个犯罪事实后，写明据以认定的主要证据并对证据进行分析论证。对于有数个犯罪事实的，如果案件事实是概括叙述的，或多起事实均为同一罪名而且都较为简单的，证据的叙写也可采取"一罪一证"的方式，即在该种犯罪后概括写明主要证据并对证据进行分析论证。对于多罪名的案件，可以按照"多罪分证"的方式，按罪名进行分组，在每个罪名下再按构成要件进行罗列。

对于证据的分析，是在前述证据罗列的基础上，论证案件的证据体系是否足以认定犯罪事实的过程。承办人在认定证据的基础上，对案件所有证据的证明力、客观性、合法性、关联性进行分析论证，从而得出证据体系是否完善、证据是否充分的结论，进而作出案件移送审查起诉的处理意见。

在叙述清楚犯罪事实和证据后，要另起一段以"上述犯罪事实清楚，证据确实、充分，足以认定"表明对案件事实及证据叙述的结束。

5.需要说明的问题

（1）不予认定的事实及理由；（2）主要的量刑情节，应具体写明是否有累犯、立功、自首、检举揭发、退赃等影响量刑的从重、从轻、减轻等犯罪情节，以及自愿认罪的情况；（3）扣押物品情况及处置情况；（4）分案处理的其他同案犯情况；（5）舆情关注情况等。

6.定性、处理意见和法律依据等内容

该部分应首先按照法律条文对犯罪嫌疑人涉嫌犯罪的罪状进行表述。例如："犯罪嫌疑人×××，其行为涉嫌触犯《中华人民共和国刑法》第×××条之规定，构成×××罪，应依法追究其刑事责任。"然后援引《中华人民共和国刑事诉讼法》第一百六十八条及《人民检察院刑事诉讼规则》第二百三十七条的规定，拟将犯罪嫌疑人×××涉嫌×××一案移送审查起诉。最后对犯罪嫌疑人的量刑提出意见：鉴于×××，建议对犯罪嫌疑人×××（从重、从轻、减轻）处罚。

（二）格式样本

×××人民检察院
侦查终结报告

××检××侦终〔××××〕××号

一、犯罪嫌疑人基本情况

犯罪嫌疑人×××，性别，××××年××月××日出生，身份证号码，民族，籍贯，文化程度，政治面貌（如系人大代表、政协委员，一并写明具体级、届代表、委员及代表、委员号），工作单位，职务，职级，现住址等。（有多名犯罪嫌疑人的，应按涉嫌犯罪情节轻重逐一写明）

二、案件来源

犯罪嫌疑人×××涉嫌×××一案系×××（案件来源具体为自首、单位或者公民举报、上级交办、有关部门移送、本院其他部门移送以及办案中发现等）。本院于×年×月×日提请省检察院批准直接受理。×年×月×日省检察院批准本院对该案直接受理立案侦查。×年×月×日本院对犯罪嫌疑人××涉嫌××罪正式立案侦查。

三、主要涉嫌犯罪事实

犯罪嫌疑人××涉嫌××案，现已侦查终结。

经依法侦查，查明：

×××

四、主要证据

认定上述事实的证据如下：

×××

上述事实清楚，证据确实、充分，足以认定。×××

五、需要说明的问题

六、定性、处理意见和法律依据

犯罪嫌疑人×××，其行为涉嫌触犯《中华人民共和国刑法》第×××条之规定，构成×××罪，应依法追究其刑事责任。依据《中华人民共和国刑事诉讼法》第一百六十八条及《人民检察院刑事诉讼规则》第二百三十七条的规定，拟将犯罪嫌疑人×××涉嫌×××一案移送审查起诉。鉴于×××，建议对犯罪嫌疑人×××（从重、从轻、减轻）处罚。

承办人：×××

××××年××月××日

制作说明

一、本文书依据《中华人民共和国刑事诉讼法》第一百六十八条及《人民检察院刑事诉讼规则》第二百三十七条的规定，为侦查终结将犯罪嫌疑人案移送审查起诉时使用。

二、本文书的主要内容包括犯罪嫌疑人基本情况、案件来源、主要案件事实、主要证据、需要说明的问题、定性、处理意见和法律依据等内容。

五、起诉意见书

起诉意见书是人民检察院负责侦查的部门依据《刑事诉讼法》第一百六十二条、第一百六十四条、第一百六十八条的规定，对于人民检察院直接立案侦查的案件在案件侦查终结后，认为应当对犯罪嫌疑人提起公诉，依法追究其刑事责任，移送负责捕诉的部门审查时制作的法律文书。

（一）起诉意见书主要内容

1.犯罪嫌疑人基本情况

包括犯罪嫌疑人姓名（别名、曾用名、绰号等）、性别、出生年月日、公民身份号码、民族、籍贯、文化程度、职业或工作单位及职务、住址、政治面貌，犯罪嫌疑人简历及前科情况（含犯罪嫌疑人因违法犯罪行为所受到的刑事处罚及行政处罚情况）。

案件有多名犯罪嫌疑人的，根据其罪行由重到轻逐一写明。单位犯罪案件中，应当写明单位的名称、地址、组织机构代码、法定代表人姓名、性别、公民身份号码、联系方式。

2.案由、案件来源及办理过程

（1）案由，即犯罪嫌疑人涉嫌的罪名；（2）案件来源，即检察机关获取案件线索或受理案件的来源，包括单位或者公民举报、控告、上级交办、有关部门移送、本院其他部门移交以及办案中发现等；（3）办理过程，包括检察机关在案件侦查过程中各个法律程序开始的时间，需写明经省人民检察院批准，本院于 × 年 × 月 × 日决定对其立案侦查；采取强制措施的情况，具体写明采取强制措施的种类、采取的时间、强制措施变更情况及延长侦查羁押期限的情况。

3.案件事实

该部分先单起一段写明本案已侦查终结，表述为"犯罪嫌疑人 × × 涉嫌 × × 案，现已侦查终结"。再另起一段以"经依法侦查查明："引出具体案件事实。

案件事实部分需概括叙写经检察机关侦查认定的犯罪事实，包括犯罪时间、地点、经过、手段、目的、动机、危害后果等与定罪有关的事实要素。应当根据具体案件情况，围绕刑法规定的该罪构成要件，简明扼要叙述。

对于只有一个犯罪嫌疑人的案件，犯罪嫌疑人实施多次犯罪的犯罪事实应逐一列举；同时触犯数个罪名的犯罪嫌疑人的犯罪事实应该按照主次顺序分别列举；对于共同犯罪的案件，写明犯罪嫌疑人的共同犯罪事实及各自在共同犯罪中的地位和作用后，按照犯罪嫌疑人的主次顺序，分别叙述各个犯罪嫌疑人的单独犯罪事实。

4.证据及量刑情节

（1）证据部分。在叙述清楚案件事实后，另起一段以"认定事实的证据如下："引出对证据的列举。

①起诉意见书需罗列证据的名称、种类，但不必对证据与事实、证据与证据之间的关系进行具体的分析、论证。罗列证据时一般按照从客观性证据到主观性证据的原则。

②叙写证据时一般应当采取"一事一证"的方式，即在每叙述一个犯罪事实后，写明据以认定的主要证据。对于有数个犯罪事实的，如果案件事实是概括叙述的，或多起事实均为同一罪名、而且都较为简单的，证据的叙写也可采取"一罪一证"的方式，即在该种犯罪后概括写明主要证据。

③对证据的罗列要规范。犯罪事实和证据列举要有机结合，合理选择"一罪一证"或"一事一证"的方式。证据的种类应按照刑事诉讼法中证据种类的顺序排列，写明主要证据的种类和内容，不同证据种类之间用分号分段隔开。

（2）量刑情节部分。在叙述清楚犯罪事实和证据后，要另起一段以"上述犯罪事实清楚，证据确实、充分，足以认定"表明对案件事实及证据叙述的结束。量刑情节部分应具体写明是否有累犯、立功、自首、和解等影响量刑的从重、从轻、减轻等犯罪情节，以及自愿认罪的情况。

5.移送审查起诉的理由和根据

（1）概括说明犯罪嫌疑人的行为特征及其触犯的刑法条文和罪名。表述为"综上所述，犯罪嫌疑人……（根据犯罪构成简要说明罪状），其行为已触犯《中华人民共和国刑法》第××条之规定，涉嫌××罪。"（2）写明移送起诉的法律依据和扣押款物情况。表述为"依照《中华人民共和国刑事诉讼法》第××条之规定，现将此案移送审查起诉。查封、扣押、冻结物品、文件清单随案移送。"

（二）格式样本

××××人民检察院
起诉意见书

××检××移诉〔20××〕×号

犯罪嫌疑人××[犯罪嫌疑人姓名（别名、曾用名、绰号等），性别，出生年月日，公民身份号码，民族，文化程度，职业或工作单位及职务，住址，政治面貌（如是人大代表、政协委员，一并写明具体级、届代表、委员及代表、委员号），犯罪嫌疑人简历及前科情况。案件有多名犯罪嫌疑人的，逐一写明。单位犯罪案件中，应当写明单位的名称、地址、组织机构代码、法定代表人姓名、性别、公民身份号码、联系方式。]

犯罪嫌疑人××（姓名）涉嫌××（罪名）一案，（写明案由和案件来源，具体为单位或者公民举报、控告、上级交办、有关部门移送、本院其他部门移交以及办案中发现等。简要写明案件侦查过程中的各个法律程序开始的时间，需写明经省人民检察院批准，本院于×年×月×日决定对其立案侦查。具体写明采取强制措施的种类、采取的时间、强制措施变更情况及延长侦查羁押期限的情况等。）

犯罪嫌疑人××涉嫌××案，现已侦查终结。

经依法侦查查明：

……（概括叙写经检察机关侦查认定的犯罪事实，包括犯罪时间、地点、经过、手段、目的、动机、危害后果等与定罪有关的事实要素。应当根据具体案件情况，围绕刑法规定的该罪构成要件，简明扼要叙述。）

（对于只有一个犯罪嫌疑人的案件，犯罪嫌疑人实施多次犯罪的犯罪事实应逐一列举；同时触犯数个罪名的犯罪嫌疑人的犯罪事实应该按照主次顺序分别列举；对于共同犯罪的案件，写明犯罪嫌疑人的共同犯罪事实及各自在共同犯罪中的地位和作用后，按照犯罪嫌疑人的主次顺序，分别叙述各个犯罪嫌疑人的单独犯罪事实。）

认定上述事实的证据如下：

……（针对上述犯罪事实，分列相关证据）

上述犯罪事实清楚，证据确实、充分，足以认定。

犯罪嫌疑人……（具体写明是否有累犯、立功、自首、和解等影响量刑的从重、从轻、减轻等犯罪情节，以及自愿认罪的情况。）

综上所述，犯罪嫌疑人……（根据犯罪构成简要说明罪状），其行为已触犯《中华人民共和国刑法》第××条之规定，涉嫌××罪。依照《中华人民共和国刑事诉讼法》第××条之规定，现将此案移送起诉。查封、扣押、冻结物品、文件清单随案移送。

此致
××部（负责捕诉的部门）

××部（负责侦查的部门）
20××年×月×日
（部门印）

附件：1.随案移送案件材料、证据；

2.犯罪嫌疑人现在处所；

3.查封、扣押、冻结物品、文件清单　份附后。

（所附项目根据需要填写）

制作说明

一、本文书依据《中华人民共和国刑事诉讼法》第一百六十二条、第一百六十四条的规定制作。人民检察院负责侦查的部门在案件侦查终结后，认为应对犯罪嫌疑人提起公诉，依法追究其刑事责任，移送负责捕诉的部门审查时使用。

二、本文书落款为负责侦查的部门，加盖负责侦查的部门的印章。文书制成后，连同其他案卷材料，一并移送本院负责捕诉的部门审查。

三、本文书一式二份，存检察卷、检察内卷各一份。

六、纠正违法通知书

××××人民检察院

纠正违法通知书

××检××纠违〔20××〕×号

_____（侦查机关）：

本院在办理_____案件中（或在工作中）发现，你_____在侦查_____案过程中存在下列违法行为：

1.发现的违法情况。包括违法人员的姓名、单位、职务、违法事实等，如果是单位违法，要写明违法单位的名称。违法事实，要写明违法时间、地点、经过、手段、目的和后果等。可表述为：经调查核实，发现……。

2.认定违法的理由和法律依据。包括违法行为触犯的法律、法规和规范性文件的具体条款，违法行为的性质等。可表述为：本院认为……。

根据《中华人民共和国刑事诉讼法》第__条之规定，现通知你____予以纠正，并在收到本通知书后十五日内将纠正情况告知本院。

20××年×月×日

（院印）

制作说明

一、本文书依据《中华人民共和国刑事诉讼法》第八条、第五十七条、第一百条、第一百一十七条、第一百七十一条、第二百七十六条，《人民检察院刑事诉讼规则》第二百八十七条、第五百五十二条、第五百五十三条、第五百六十四条、第六百一十八条、第六百二十四条等规定制作。为人民检察院依法纠正侦查机关、审判机关、执行机关的违法活动时使用。

二、本文书的文号" 检 纠违〔 〕号"由提出纠正违法意见的具体业务部门分别按顺序编号。

三、本文书采用叙述式，按以下层次叙写：

1.写明发往单位，即发生违法情况的单位，行文上顶格书写。

2.写明发现的违法情况。书写为：经调查核实，发现……。"发现"后书写顺序为：（1）发生违法情况的具体单位和人员。违法人员要写明姓名、所在单位、职务等。（2）违法事实。写明违法的时间、地点、经过、手段、目的和后果等。

3.检察机关认定违法的理由及其法律依据。书写为：本院认为……。"本院认为"后写明违法行为触犯的法律、法规的具体条款、违法行为的性质等。

4.纠正意见。写明：根据……（法律依据）的规定，特通知你单位予以纠正。请将纠正情况告知本院。

四、本文书一案一文书，同一案件发现多项违法问题的，制发一份文书即可，各违法项按照严重程度从重到轻排序。

五、人民检察院可以直接向本院所办理案件的同级单位发送纠正违法通知书；办案单位为上级机关的，应当层报被纠违单位的同级人民检察院决定并发送纠正违法通知书，或者由办理案件的人民检察院制作纠正违法通知书后，层报被纠违单位的同级人民检察院审核并转送被纠违单位。

需要向下级有关单位发送纠正违法通知书的，可以指令对应的下级人民检察院发送纠正违法通知书。

需要向异地有关单位发送纠正违法通知书的，应当征求被纠违单位所在地同级人民检察院意见。被纠违单位所在地同级人民检察院提出不同意见，办理案件的人民检察院坚持认为应当发送纠正违法通知书的，层报共同的上级人民检察院决定。

六、本文书一式二份，一份送达发生违法行为的单位，一份附卷。

七、检察建议书

××××人民检察院
检察建议书
（纠正普遍性倾向性违法问题和社会治理检察建议用）

××检建〔20××〕×号

一、写明主送单位的全称

二、案件或者问题的来源

写明本院在办理案件或者履行法律监督职责中发现该单位存在的问题以及需要提出检察建议的有关情况。

三、依法认定的案件事实或者经调查核实的事实及其证据

写明依法认定的案件事实或者经过调查核实后查清的事实及证据。对事实的叙述要求客观、准确、概括性强，要归纳成几条反映问题实质的事实要件，然后加以叙述。

四、存在的违法情形或者应当消除的隐患

阐明该单位存在的违法情形或者隐患，包括刑事诉讼活动或者执行活动中存在的普遍性、倾向性违法问题或者其他重大隐患；制度不健全、不落实；存在管理监督漏洞；民间纠纷问题突出；不依法及时履行职责；

需要给予有关人员行政处罚、政务处分、行业惩戒或者追究司法责任等问题。

五、建议的具体内容及所依据的法律、法规和有关文件等的规定

写明建议的具体内容及依据。意见的内容应当具体明确，切实可行，要与以上列举的问题紧密联系。检察建议引用依据有两种情况，一种情况是检察机关提出建议的行为所依据的有关规定，另一种情况是该单位存在的问题不符合哪项法律规定和有关规章制度的规定。

六、被建议单位提出异议的期限

告知被建议单位可以提出异议及提出异议的期限。

七、被建议单位书面回复落实情况的期限

八、其他需要说明的事项

20××年×月×日

（院印）

制作说明

一、本文书依据《人民检察院刑事诉讼规则》第五百五十一条、第五百五十二条、第六百二十四条，《人民检察院检察建议工作规定》第三条、第九条、第十一条的规定制作。为经检察长批准，人民检察院针对执法、司法机关在刑事诉讼活动或者执行活动中存在的普遍性、倾向性违法问题或者其他重大隐患，以及有关单位社会治理工作中存在的问题提出检察建议时使用。

二、人民检察院可以直接向本院所办理案件的涉案单位、本级有关主管机关以及其他有关单位提出检察建议。

需要向涉案单位以外的上级有关主管机关提出检察建议的，应当层报被建议单位的同级人民检察院决定并提出检察建议，或者由办理案件的人民检察院制作检察建议书后，报被建议单位的同级人民检察院审核并转送被建议单位。

需要向下级有关单位提出检察建议的，应当指令对应的下级人民检察院提出检察建议。

需要向异地有关单位提出检察建议的，应当征求被建议单位所在地同级人民检察院意见。被建议单位所在地同级人民检察院提出不同意见，办理案件的人民检察院坚持认为应当提出检察建议的，层报共同的上级人民检察院决定。

三、本文书一式三份，一份附卷，一份发送被建议单位，一份报送上一级人民检察院备案，并可根据抄送对象增加印制份数。

四、本文书加盖人民检察院印章。